新时代商务英语
课程教学改革理论
与实践研究

章柏成　仇　娟◎著

四川科学技术出版社

图书在版编目（CIP）数据

新时代商务英语课程教学改革理论与实践研究 / 章
柏成，仇娟著 . -- 成都：四川科学技术出版社，2023.9
（2024.7 重印）
　　ISBN 978-7-5727-1124-4

　　Ⅰ.①新… Ⅱ.①章… ②仇… Ⅲ.①商务—英语—
教学改革—研究—高等学校 Ⅳ.① F7

　　中国国家版本馆 CIP 数据核字（2023）第 177012 号

新时代商务英语课程教学改革理论与实践研究
XINSHIDAI SHANGWU YINGYU KECHENG JIAOXUE GAIGE LILUN YU SHIJIAN YANJIU

著　者　章柏成　仇　娟

出 品 人　程佳月
责任编辑　张浩浩
助理编辑　吴　文
封面设计　星辰创意
责任出版　欧晓春
出版发行　四川科学技术出版社
　　　　　成都市锦江区三色路 238 号 邮政编码 610023
　　　　　官方微博 http://weibo.com/sckjcbs
　　　　　官方微信公众号 sckjcbs
　　　　　传真 028-86361756
成品尺寸　170 mm × 240 mm
印　　张　6.25
字　　数　130 千
印　　刷　三河市嵩川印刷有限公司
版　　次　2023 年 9 月第 1 版
印　　次　2024 年 7 月第 2 次印刷
定　　价　52.00 元

ISBN 978-7-5727-1124-4

邮　　购：成都市锦江区三色路 238 号新华之星 A 座 25 层　邮政编码：610023
电　　话：028-86361770

PREFACE 前言

在当前全球化的商业环境下，商务英语作为一种专门用于商业领域的语言，已经越来越受到人们的重视，商务英语教育的发展变得越来越重要。由于商务英语课程的教学还存在一些问题，如教学内容单一、难度过大或过小、教学方法陈旧等，这些问题影响了商务英语的教学效果，因此，有必要对商务英语课程教学进行改革。本书旨在通过对商务英语教学的理论研究和实践探索，提出一些创新性的教学思路和教学模式，以满足现代商务领域对商务英语人才的需求，同时也致力于促进商务英语教育的教学改革，提升商务英语教学的质量和水平。

本书第一章简要介绍了商务英语的定义、特征及其理论基础，并分析了不同视角下对商务英语的认识。第二章重点讨论商务英语与跨文化交际能力的关系，探讨了跨文化交际能力的内涵、影响跨文化交际的因素以及商务英语教学与跨文化能力培养的联系。第三章深入探讨了商务英语的教学思想和教学原则，强调以学生为中心的教育和以研究为基础的教学的重要性。第四章详细探索了商务英语教学的实际方法，涵盖了听、说、读、写四项语言技能。第五章以 SIOP 模式为例探究了商务英语教学模式的创新途径，分析了该模式对我国外语教学的启示及应用，并探讨了在语言经济学视角下对商务英语 SIOP 模式的思考。第六章介绍商务英语的教学评价体系，包括教学评价体系概述、教学模式评价体系和课程评价体系。

总之，我国在新时代背景下需要不断加强与世界各国的商务合作，培养更多具备优秀商务英语能力的人才。在这样的背景下，商务英语课程教学的改革和创新就显得非常重要。本书通过对商务英语概念、教学思想和原则、教学实践、教学模式和教学评价体系的深入探讨和研究，为提高商务英语教学的质量和效果，培养具备优秀商务英语能力和跨文化交际能力的人才以适应经济全球化发展的需要提供参考。

章柏成

2023 年 2 月

CONTENTS 目录

第一章　商务英语概述

第一节　商务英语的定义

一、商务英语的定义

一般来说，商务英语的定义包括两层：①跨文化商务交际活动中所使用的英语语言；②商务英语学科。

作为语言，商务英语是一种交际工具，是传递知识信息的载体，所传递的知识信息又突出地反映了国际商务学科领域的特征，所以，商务英语与普通英语相比有其自身独特的语言特征。

作为学科，商务英语指学科理论体系。例如"学习商务英语"中的"商务英语"指语言本身，而"商务英语定位""商务英语导论"中的"商务英语"指学科，是一套知识体系，有其理论框架。但商务英语作为一门独立的学科还没有完全建立起来，一个学科的建立需要有许多构成因素。

从语言的角度来看，既然商务英语是国际商务活动中所使用的语言，那么，对于商务英语的定义，必须讨论"国际商务"概念，因为商务英语中"商务"是修饰词，"英语"是中心词。

所谓国际商务，指的是一个国家由于自身经济发展所需，在生产领域或非生产领域的国与国之间的具有商务目的的合作行为，合作的范围涉及运输、劳务、技术、投资、服务等多项贸易。国际商务作为一种国与国之间的交易活动历史悠久，但作为一门学科还处于发展阶段。由于国际商务是一个大而笼统的概念，所以对国际商务学科的界定和定位仍有待研究。国际商务的研究范围包括任何形式的国与国、国与地区之间的具有商业性质的活动及其相关领域。国际商务所涵盖的国际贸易、国际营销、国际商法、国际金融、国际物流等形成了独立的学科。当前的国际经济现状向经济学家、管理学家提出了挑战，于是超越传统的理论局限，把国际贸易、国际营销、国际商法、国际金融、国际物流等学科进行整合，并以企业经营这一主线加以提炼、分析、总结，建立一门综合性学科便成了必然，这也就是国际商务学科的研究主题和研究内容。

在经济全球化迅速发展的今天，国际商务活动日趋频繁。国与国之间的交往大部分是商务往来，国与国之间的政治活动也常与商务活动有关。国际商务自古有之，然而，国际商务作为一门学科，在西方发达国家的历史也只有几十年。20 世纪 70 年代后半期，国外一些大学开始开设国际商务课程，在近几十年里，国际商务学科得到迅猛发展。

我国自改革开放以来，国际商务发展极为乐观，尤其是我国加入世界贸易组织以后，国际商务活动增多。随着国外投资大量进入我国，新的企业管理模式、新的企业管理理念层出不穷，为现代企业管理的发展提供了助力。在学校增设的课程中，特别是工商管理硕士（MBA）教学内容中，国际商务是重要课程，因为 MBA 毕业生是国际商务的后备力量。MBA 所开设的课程中，有国际商务、国际金融、财务管理、国际营销、国际会计等。由此看来，国际商务涉及国际贸易、国际经济、国际金融等众多领域。商务英语就是人们在从事这些国际商务领域活动中所使用的语言。

商务英语也被称为"国际商务英语"，与国际商务活动密切相关。国际商务活动涉及众多领域，所以，商务英语自然与这些领域密切相关。任何国与国之间，或一个国家的公司、企业等机构与另外一个国家的公司、企业等机构之间有经贸性质和商业目的的活动都可以涵盖在国际商务活动的范畴之中。由于国际商务活动涉及许多行业和部门，如金融、海关、保险、物流、法律、管理等，我们可以将商务英语定义如下：商务英语是人们在从事国际商务活动过程中经常使用的以及国际商务学科所涉及的语言。这些活动领域包括：国际贸易、国际经济、国际金融、国际商法、国际会计、国际营销、国际物流、国际支付、国际投资、企业管理、人力资源管理、银行业、保险业、海关事务、商品检查、检疫、旅游、商业服务等。

从学科的角度来看，商务英语是研究商务英语教育规律、教学规律及其在国际商务环境中的使用规律的交叉性学科。

英语有普通用途英语和 ESP 之分。从实践的角度来看，商务英语也可以分为普通商务英语和专业（或特殊）商务英语。

普通商务英语是个总的概念，而专业（或特殊）商务英语则指某一个国际商务行业领域所使用的、带有明显行业特征的英语，如国际商务法律法规英语、国际金融英语、国际物流英语等。由于有了这样的分类，在进行商务英语教学时，必须根据特定的目的来制订教学计划，选择教材。目前，商务英语教材可分为普通商务英语教材和专业商务英语教材。例如，华夏出版社和剑桥大学出版社合作出版的《剑桥国际商务英语》系列教材、人民邮电出版社的《新剑桥商务英语》系列教材以及经济科学出版社的《新编剑桥商务英语》系列教材等，都属于普通商务英语教材，因为这些教材所涉及的行业众多，其中包括国际贸易、国际支付、国际物流等。有的商务英语教材内容主要涉及某一个领域，如中国商务出版社出版的《国际货运代理专业英语》就属于专业商务英语教材。此外，一些英语版的有关国际商务某个领域的教材、文献也属于专业商务英语教材的范畴。从语言的角度来分类，用英语编写的包含国际商务的各学科领域的教材均属于商务英语范畴。所以，商务英语不仅指人们在从事国际商务活动中所使用的英语，还指任何涉及国际商务领域所包含的学科理论的英语，如金融英语、物流英语等。

综合上述，商务英语指的是：①国际商务实践活动中用于跨文化商务交际目的的语言；②国际商务学科理论所涉及的作为信息载体的语言；③研究商务英语教育规律、教学规律及其在国际商务环境中的使用规律的交叉性学科。

二、商务英语的作用

商务英语在货物进出口贸易的程序中，在交易磋商与签约环节上至关重要。拟定书面合同时，应使用规范的商务英语，遵循比较固定的条款模式，尽可能采用习惯用语，力求措辞准确、严谨，行文简洁，不留漏洞，避免解释上的分歧。在此过程中，对进出口商品专业术语的正确理解和应用将直接关系到商品交易中的经济效益甚至交易结果。

商务函电是商务活动的一个重要组成部分，是通过邮寄或其他电信设施（电话、网络等）进行的商务对话，并常常被用作一种商务行为或合同的证据。商务函电通常是为了达到某种特定目的，如销售商品、定价、咨询信息、索赔、商务问候等。

在现今，要充分利用商务函电简便、快捷的优势，提高业务量和效率。商务英语用于翻译服务时要求必须忠实于原文，不得肆意发挥，也不得压缩削减（这里不是指节译、摘译之类），亦即必须一比一地再现原作所表达的所有内容。因此，译文的语言应规范化。

三、学习商务英语的必要性

随着我国外资企业的不断增多，越来越多的国人开始在外企工作。虽然工作性质、工作场地有所不同，但是他们都会遇到同样的问题，就是如何从事涉外经济贸易活动，如何在外商经营的企业里占有一席之地。语言差异无疑是这些人所遇到的最大障碍，在我们熟知的生活英语、学术英语之外，商务英语是现代外资企业中最重要的交流工具。从客观上看商务英语比较直白，要求严谨准确，趣味性不强。但同时，语言是一种特殊的人力资本，是人们获得其他各种技能所必不可少的先期投资，是获得资本的资本。学习商务英语是一种经济投资。

第二节　商务英语的语言特征

商务英语的核心是英语，它以商务活动为背景，因而其语言是写实的。换言之，商务英语最主要的特征就是"客观写实"。以下从商务英语的语言词汇、语篇结构、语体风格等不同的角度切入，探讨商务英语的语言特征。

一、文体多元化

由于涵盖的领域较广，商务英语具有文体多元化的特点。根据英语的功能划分，英语文体一般有以下几种：文学英语、广告英语、新闻英语、科技英语、法律英语等。

从商务英语所涉及的专业范围来看，以上五种文体中的广告英语、法律英语（主要指国际商务法律、法规英语）属于商务英语文体。此外，商务英语文体还包括英语应用文文体等功能变体英语。了解商务英语的文体特点有利于区分不同文体的商务英语教学、翻译与研究。

二、实用性

商务英语具有较强的实用性，因商务英语用于国际商务活动中的交流与沟通，因此，其实用性较强。国外有学者从国际商务的角度出发，认为商务英语特点是：与一定的商务背景知识有关、目的明确、以需求分析为基础、有时间上的压力。

三、词汇派生能力强

商务英语有特别强的词汇派生能力，某些词汇的搭配层出不穷。例如，free 可以和许多词搭配构成具有国际商务意义的短语：free goods（免税进口货物）、free loan（无息贷款）、free on board（离岸价格）、free time（免费使用期）、free trial（免费试用）等；又如 short：short bill（短期汇票，指见票不超过 10 天的汇票）、short delivery（交货短缺）、short landing（短卸）、short sale（卖空交易）、short time working（短时开工）等。

四、行业术语多

商务英语涉及众多行业领域，这些行业领域中有许多专业术语，它们有非常显著的行业特征。商务英语的教学与研究必定涉及各类专业术语，如 force majeure（不可抗力）、target market（目标市场）、market segmentation（市场细分）、counter offer（还盘）、balance sheet（资产负债表）等。

随着国际商务的迅猛发展，具有商务英语行业特征的新单词和短语不断出现。比如国际物流学科建立后，出现 3PL（third-party logistics，第三方物流）；电子商务出现后，有了 B2B（business-to-business，商业对商业）交易平台。

五、缩略语多

缩略语是随着语言使用的便利化而出现的，使用缩略语能够避免使用长而繁的语言所带来的不便。随着社会和科技的迅猛发展，人们越来越讲究工作效率，特别是从商者，而要提高工作效率首先就是要有时间观念，"时间就是金钱／效率"这句话永远不会过时。正因为如此，商务英语中出现许多缩略语就不足为奇了。缩略语的形式更简洁、精练，便于记忆，使用起来也非常方便，通常是带有行业特征的英语。例如 4Ps（营销理论）、CWO（订货付现）、R&D（研究开发）、ICC（国际商会）。

六、套话多

所谓套话，指的是一些常用的句型。例如，在介绍公司时，往往说："ABC company, located in Pudong, Shanghai, specializes in garment import and export."；在介绍产品时经常说："Our products are good in quality and reasonable in price."。又例如，在商务法律、法规英语中，经常见到这样的句子："Upon the terms and conditions hereinafter set forth…""Unless otherwise stipulated…""It is agreed that…"。在商务英语函电中的套话更多,例如："Enclosed please find…""We would very much appreciate it if you could…" "Further to our conversation on the phone yesterday, I'd like to…"。

套话的经常出现主要是由于国际商务活动中有些工作程序相对有规律，还因为商务英语的语言与文学英语相比变化不多。

七、商务英语的 ABCs

商务英语着重写实，所以语言朴实，无须夸张和矫饰。在研究商务英语语言与文体的基础上，我们将商务英语的特征概括为"ABCs"。

（一）A：Accurate 准确

由于商务英语是对事实的客观描述，所以要求语言准确，一般不能有任何模糊语言出现。如在产品使用说明书中对技术指标的描写必须准确；国际商法语言更不允许有任何模棱两可的词语。国际商法条文涉及买卖双方权利与义务的规定，法律文书要有效地行使其职能，必须词义准确、文意确切，丝毫不允许由于词义模棱两可而产生歧义，也丝毫不能容忍因为句子缺乏严密组织而任人歪曲。例如，"This contract is signed by and between Party A and Party B." 该句中同时使用了 by 和 between，目的是避免误解，这样就限定了该合同是由贸易的 AB 双方签的。又例如，在对新产品进行宣传时，要详细说明该产品有几种特殊功能，向消费者准确地传递信息，不能用模糊语言，因为消费者如果不能准确地知道该新产品有哪些特殊功能，很可能就不会购买它。另外，在向消费者介绍该新产品时，如告诉消费者该产品中某部件是某国原装进口的，那么，消费者就有可能购买该产品；如果只是说该产品是进口的，但不说清楚从哪个国家进口，消费者可能就不会购买。又例如，在撰写商务英语报告时，其语言必须尽可能准确。准确的程度取决于语言的选择，如 "I would not be surprised if our sales in Shanghai rose." 这句话表示 75% 的可能性,而 "I doubt whether we' ll make any sales in Shanghai" 则表示 25% 的可能性。如果表示 100% 的可能性,可以选择其他表达方式:"I am so sure that we can make sales in Shanghai."。由此可见,准确是商务英语的第一大特征。

（二）B：Brief 简练

商务英语用词简练。换言之,能用一句话表达的内容,不用两句话,尽量避免拖沓、烦琐的语言,在口语和书面语中均是如此。在和客户谈话时,不要用太复杂的句子,如 A："Hello, I am so pleased to see you again."（你好，很高兴再次见到你。）B："Hello again."（你好。）B 的回答非常简练。当然,B 也可以说:"I am so pleased to see you again，too."（我也很高兴再次见到你。）但是感觉上就没有 "Hello again" 简洁明了。另外,B 也可以说非常简练的 "Me too."（我也是。）商务英语书面语的用词也非常简练,不像文学英语那样需要渲染、修饰。需要说明的是, 商务英语中的广告语言与众不同,这是由广告功能所决定的。广告语言独具特色,通过语言打动消费者,所以广告语言有时需要渲染,但仍需简练。例如, "The choice is yours. The honor is ours."（选择在于你们，荣耀属于我们。）

商人最讲究时间效益,所以商务活动中的交际语言都必须简明扼要且精练,不管是公司内部传递信息的通知、备忘录,还是与客户的电子邮件等,选词要得当,不说废话,这样才能提高工作效率。正是由于国际商务工作讲究效率的特点,商务英语才体现出简练的特征。

（三）3Cs

1. 第一个 C：Concrete 具体

商务英语所表达的是具体事实,对于事实的描写通常比较具体、不抽象,否则会引起不必要的国际商务纠纷。例如,在报盘时说 "This offer is valid by the end of march 2008" 这样的话,报盘方就不用担心在报盘有效期过后会遭到受盘方的责难。如果报盘方不明确报盘的有效期限,就有可能导致双方的误解。又例如,"Thank you for your letter dated march 22nd, 2008, concerning your order for our mobile phones.", 这是回信中的话,信中一定要表明收到的是哪一封信。如果说"We have received your letter.",就明显没有前面一句具体明了。

2. 第二个 C：Clear 明晰

明晰指的是商务英语所承载的信息明白易懂。商务英语用词应明白易懂,语言朴实,避免矫揉造作。在国际商务实践中,人们喜欢直截了当地（当然，必要时可能含蓄）进行交际。以下例句中,第一句简明易懂,第二句虽然可以理解,但显得过于冗长复杂:

"You will notice that every single one of our products is made from 100% natural ingredients, and we use no artificial addictive at all."

"I should like to take this opportunity of drawing your attention to the fact that all our products are manufactured from completely natural ingredients and that we do not utilize any artificial addictive whatsoever."

在写给上司的商务建议书或商务报告中，必须用明白易懂的语言。有时为了更为直观，可以使用图表等非语言信息帮助传递语义信息。避免使用艰深晦涩的语言，因为商人没有时间去揣测文本字里行间的含义。

3. 第三个 C：Courteous 礼貌

礼貌主要反映在与人的交流方面，如商家之间的交谈和来往函电。在国际商务口头交流中，用词需要客气、有礼貌，甚至在与对方发生争执时，也应该不失礼节。中国人所说的"和气生财"充分地说明了商务语言的礼貌特征。例如，当买方再三拖欠货款时，我们可以说"If you don't pay the rest of the outstanding bill to us within this week, we will be forced to take court action."。这句话听上去有些强硬，但是仍不失礼貌，因为 be forced to 的言下之意是"我们也不情愿如此做，是被迫无奈"。如果我们说"You must pay the rest of the outstanding bill to us within this week, otherwise, we will take court action."，就不如前一句那样礼貌。礼貌是商务英语的特征，商务活动应以和为贵、以仁为本，长此以往，与客户或合作伙伴建立起良好的关系，于经商有利无弊。

第三节　商务英语理论基础及相关研究

一、外语教学理论——整体语言教学

迄今为止，整体语言教学流派的核心概念"整体语言"尚未有一个被普遍接受的定义。"整体语言"的内涵是极其丰富的，它不是有关语言教学的狭隘教条，而是课程统整的重要方式和一种重要的学习哲学。

弗鲁斯对"整体语言"做了操作性的定义："整体语言是以儿童为中心和以文学作品为中心的，尽可能地使儿童浸没在真实的沟通环境中的一种语言教学方法。"所谓"真实的沟通"，指的是在语言实践中既要有讲述者，又要有真实的听众，双方尽可能地互动。弗鲁斯对"整体语言"的定义表达了语言学习资料的整体性和学习过程的整体性。

迪查特对上述观点做了评论："这些描述，每一种都站在它自己的立场上，聚焦于整体语言的某个特殊方面，最恰当的，应是把"整体语言"作为一种最适宜的学习环境加以描述。"

以上论述表明这样一个观点：除了把语言本身看作是个整体以外，还把语言教学的范畴扩展到与学生生活有关的其他各个方面。语言教学要和文化、社区相结合，教师要和学生相结合。学习语言的目的是满足学生现实生活中的真实需要，是为了能够进行有意义的人际交流，解决生活中的实际问题，而不只是为了学习语言，因此，"整体语言教学"被认为是一种重要的教育哲学。

在这一教育哲学中，有一些基本的观点是被普遍接受的：首先，语言是人类活动自然发展而来的，它是为了交际目的而存在的社会现象。语言与真实的生活密不可分，语言应在真实的生活环境中，在与人交流的过程中习得，而不是在远离生活的情境中通过机械反复的操练加以学习。其次，在教学中要尊重学生的独特性和兴趣，语言的学习和教学必须是个性化的。语言学习需要以学生为中心，学习的目的是表达个人的观念和思想，而不是简单地模仿正确表达，甚至对学生出现的错误也要视情况做出纠正。再次，语言学习被认为是世界创造意义中的一部分，不能孤立地学习语言，要将其放置在整体的背景中，这意味着把语言分割成听、说、读、写或肢解为语音、词汇、语法，然后孤立地进行单项训练是没有太大意义的。整体语言学习强调有意义的学习，强调需要在一定背景下，使得学习变得更加容易，这是一个从整体到部分然后再回到整体的过程。综上所述，整体语言教学是通过对学习环境的整体性、学生的整体性，以及语言本身的整体性的强调来界定自身的。

二、学习理论

第一，活动原则。项目教学法强调培养学生的语言交际能力，而交际能力的培养对教学过程有特定的要求。关键是"从用中学"，即在交际行为的直接演练中学习语言。语言学习能否成功的一个重要因素在于获得"反馈"，不论是正面反馈还是负面反馈都是语言学习不可或缺的要素，只有在真正的交际互动中，学生才能获得适时和真实的反馈。

第二，任务原则。任务原则即那些使用语言来执行有意义的任务的活动可以促进语言的学习。语言交际任务的完成大多数情况下都会涉及各种语言技能，它会使学生在整体练习中发展综合使用各种语言技能的能力。

第三，意义原则。意义原则即任何语言活动都应该让学生融入有意义的和真实的语言使用中去，而不仅仅是语言结构的机械练习。强调"有意义"实质上是希望语言交际教学可以模拟语言活动的真实心理过程。任何真实的语言心理活动都开始于想传达某种信息的动机，它的核心机制是信息差，有了信息差，语言才有意义，语言交际才能发生，学生在这些交际活动中才能获得真正的交际心理体验和真实的语言交际能力。

第四，范例原则。范例原则从建构主义理论出发，强调学生利用以图式为基本结构的记忆系统资源，通过同化和顺应两种模式习得语言。或者说，从认知的角度来看，语言学习不仅依赖规则的作用，更多依赖记忆的作用，特别是记忆中块件的作用，块件的组合构成了人们的知识系统。记忆块件是熟化的经验，以图式的方式储存于人们的大脑中，强调记忆的作用就是要说明语言习得的一个重要方式是通过以范例为基础的系统，通过一般归纳推理来实现的。例如在商务英语中，就存在大量的特殊用语和约定俗成的表达方式，它们往往难以用规则来分析，学生可从意义出发，在交际活动中使用这些受语境编码的用语和表达式，熟化并记忆它们，然后再逐步进入句法化过程。这也暗示学生不是通过教师直接灌输知识的方式学习，而是在与外界的互动中经历各种经验范例，通过建构意义的方式获得知识。

三、社会文化观

将语言的使用、语言的社会功能、语言使用的社会环境和文化背景等语言形式之外的诸因素以及它们与语言之间的互动关系纳入视野，反映在教学上就是：交际作为人类自然语言最根本的功能，应该是语言学习的起点和归宿、目标和手段。语言教学不仅要考虑学生对形式和结构规则的掌握，也应该重视学生对语境的感悟和把握。这里的语境包括文化语境和情景语境。文化语境是整个语言系统的社会环境，包括信仰价值、制度规范、风俗习惯、文化艺术等软环境和经济条件、自然条件、居住条件等硬环境。情景语境是语言在某一交际事件中的具体体现，它可能是一个词、一个短语、一个句子、一篇文章，即一个意义的表达。学生应该把握在语言交际中把情景语境上升到文化语境、把文化语境投射到情景语境中的能力。商务英语教学特别注意培养中在真实环境中应用英语解决实际问题和困难的综合能力，其中又特别重视通过解决问题、完成任务来理解和培养团队精神和协作意识。只有这样，跨文化交流才能最终实现在走出校门之后很快地融入社会的目的。

四、研究现状

随着经济全球化进程的加快，商务英语的重要作用日益显现，对商务英语进行深入研究势在必行。目前商务英语教学形势乐观，然而，对商务英语的研究还相对滞后。

商务英语是以英语为语言媒介、以商务知识为核心的一种 ESP（english for specific purpose，ESP），属应用语言学的范畴。ESP 起源于 20 世纪 60 年代，它的出现顺应了世界经济形势发展的需要，是语言学的革命。

教育要以社会需求和市场服务为宗旨，培养国家经济建设需要的人才。在人类跨入 21 世纪，特别是我国加入 WTO 之后，对"英语 +X（专门技术）"型的人才需求日益增加。经济全球化、商务电子化要求我们的英语教学要全方位地适应新时代的要求，培养出高素质的、既精通英语又对一门专门技术有一定程度把握的复合型高级外语人才。从 20 世纪 80 年代中期开始，我国先后有几百所高校开设了商务英语课程，并有不少高校开设了商务英语专业。1995 年，我国的硕士研究生专业目录中，已把商务英语方向列入"语言学与应用语言学"学科中，这表明商务英语已作为一门新兴的交叉性学科进入了研究生层次的语言研究。广东外语外贸大学、北京外国语大学、上海外国语大学、北京对外经济贸易大学等许多高校都设有经贸学院或商学院，并在语言学或经济贸易学硕士研究生课程中设有商务英语研究方向。

事实上，商务英语专业在我国已开设多年，而且是一个应用性很强的热门专业。外语界因受传统语言学观念的影响，对 ESP 的理论研究不重视，甚至存有偏见，因而对商务英语的学科定位仍存在很大争议，其课程体系和教学模式未臻完善。这是与社会发展形势相违背的，但也正是我们需要下功夫去研究、去实践的领域。

西方教育界专家以社会语言学为理论基础，使外语教学与商务英语教学齐头并进，互为补充，相得益彰。这是一种较为科学的办法，与西方商务英语教学相比较，我们在办学目的、培养模式、大纲设计、教学材料、教学方法、组织评价、语言习得及学科结合等方面的研究工作开展得还不够深入，必须加强这方面的研究，比如在教学理念和教学原则及方法上，就已经有人提倡"以人为本"的教学理念。以学生为中心和以方法为主导的教学原则，以交际为目的的教学方法以及师生互动，利用网络和多媒体等现代化教学手段，这些都是非常有积极意义的探索和尝试手段，值得大力提倡。

在英国、加拿大、澳大利亚等英语国家，有些大学开设了商务英语课程，如英国的伦敦英语学校、加拿大的加拿大英语学院、澳大利亚的伊迪斯科文大学。但是，国外并没有将商务英语建成一门独立的学科。我国商务英语的主要研究力量来自几所专业的外语经贸大学，如对外经济贸易大学、上海对外经贸大学、广东外语外贸大学等。这些大学的商务英语研究机构成为我国在该领域研究中的重要力量，他们不仅推动本校的商务英语研究，而且带动其他院校的商务英语研究。

第四节　商务英语在不同认识视角下的分析

一、从 ESP 认识视角的分析

商务英语是在 ESP 的理论框架下提出来的，是 ESP 的一个分支或种类。ESP 是指与某种特定职业、学科或目的相关的英语，是经济全球化背景下当代语言学、教育学理论和英语教学实践相结合的成果，起源于 20 世纪 60 年代。它有两个明显的特征：一是由于特定职业的需要，学习者的学习目的具有明确性，即学习者需要获得在某学科、某行业内使用英语的能力；二是学习内容的专门化，它和传统的通用英语不同，ESP 是使学习者在某一专业或职业上实现英语知识和技能专门化的应用型课程，在题材、结构、语法、词汇等方面都具有自身的特点，同时也与各行业的专业知识密切联系。

（一）商务英语作为 ESP 的特点与教学理论

1.ESP 的特点

英国当代语言学家韩礼德在 1964 年提出了 ESP 的概念："English for civil servants, for policemen, for officials of the law, for doctors and nurses, for specialists in agriculture, for engineers and fitters."。ESP 是指"内容和目标由特定学习群体的特殊需要而定的语言课程或教学计划"，它是与某种特定职业、学科或目的相关的一种英语语言的变体，它的教学既包含英语语言技能的训练，又有明显的专业内涵，它有独特的词汇、句法和结构模式，是语言技能训练与专业知识的结合。目前我国各行业急需既有扎实的英语基本功，又熟练掌握所从事工作所需的行业英语，还通晓特定行业一般知识的复合型人才。

2. ESP 教学研究经历的五个发展阶段

ESP 教学的每个阶段都与语言习得理论或语言学理论紧密相连。第一阶段是行为主义和结构主义理论的影响阶段，时间在 20 世纪初期。在这一时期，ESP 教学主要采取语域分析和句型练习两种方式。行为主义理论者认为语言学习过程由刺激、反应、模仿和加强练习四个步骤组成，此理论来源于苏联著名的生物学家巴甫洛夫的条件反射理论。根据这种语言理论，教师在教学过程中应该向学生提供大量的句型练习，学生通过机械的模仿来掌握所要学习的知识和内容。除此之外，在这一时期，在 ESP 教学的研究调查中，语言学家把许多不同专业的英语材料聚集在一起，通过对比进行分析，试图找出 ESP 的一般教学规则。最后，他们发现不同专业的英语在阐述问题时的语言风格是不一样的。

第二个阶段是语言能力理论的影响阶段。一些语言学家，比如英国的亨利·威多森根据乔姆斯基的语言能力理论提出了文本和修辞分析法。20 世纪 50 年代末期，乔姆斯基创立了转换生成语法理论，对当时盛行的行为主义进行了批判。语言能力不同于语言行为，它是潜在的。按照乔姆斯基提出的语言能力概念，人的大脑里本身储存着一个语言学习系统，能够理解语言。由于这种语言能力，人们可以理解无限数量的句子，辨认语法错误，理解模糊含义的句子。乔姆斯基认为语言研究的最终目标是认识母语的语言能力，而不是语言行为。受这一理论影响，语言学家试图通过各种训练来使得学生获得语言能力，提高学生的交际能力。

第三个阶段是功能语法和社会语言学理论的影响阶段。在很长一段时间里，情景分析法一直是 ESP 的主要研究方法，它是建立在功能语法和社会语言学理论基础上的。社会语言学家认为语言是社会交流的工具，功能语言学家则坚持认为学生在学习过程中受到很多因素的制约，这些因素是语言交际的组成部分，它们互相依赖，构成一个有机整体。在语言教学各种理论的影响下，教师再次确认了培养学生交际能力的重要性，认为学生应该学会在各种不同情况下做出适当的反应，而不是只学习词汇和语法。教会学生交际能力的唯一有效方法就是让学生处于不同情景中，学习相关的表达法。

第四个阶段是认知主义理论的影响阶段。在这一阶段，语言学家开始综合使用学习策略和语言技巧这两种方法。语言学家不再把语言表层结构作为语言教学的重点，他们把人作为一种具有认知能力的动物进行研究，开始关注人在使用语言时的思维活动过程。

第五个阶段是需求分析理论的影响阶段。在这一阶段，语言学家开始使用需求分析理论对商务英语的教学进行研究。商务英语作为 ESP，在使用中的教学法和语言材料是根据需求分析而选择的。语言学家认为学习是课堂活动的中心，教师在教学过程中应该充分考虑学生的需求，某些需求是由实际情况决定的。

（二）商务英语作为 ESP 存在的依据

1. 商务英语是英语教学发展的产物

商务英语虽然是在特定的商务环境下使用的英语，但还具备普通英语的特点，它是在普通英语的基础上发展起来的，作为国际商务活动交流的主要语言，商务英语承继了普通英语的许多特点。因此，适用于普通英语教学的理论，比如需求分析理论、建构主义理论、信息论和系统论等也同样适用于商务英语教学。

英语教学是一项社会活动，随着社会的发展，教学活动的内容和方法也在不断改进。从韩礼德与他人合著的 *The Linguistic Sciences and Language Teaching* 一书对 ESP 的定义中，我们可以看出商务英语的具体属性。随着我国加入 WTO 和经济全球化的发展，知识经济时代的人才培养趋势对我国的高等教育模式提出了更高的要求。社会对人才的需求已呈多元化趋势，以英语为交流工具和工作手段的商务英语人才也必须以服务社会、服从经济发展为目的，求得全方位、高质量的发展。商务英语是语言学理论发展的产物，最初人们研究语言时注重语言本身，但随着社会的发展，历史语言学产生，到了 20 世纪初，语言学家索绪尔提出共时语言学，社会语言学也应运而生。社会语言学的兴起，为商务英语作为 ESP 的产生和发展提供了理论基础。可见，商务英语是英语教学发展的必然产物。

2. 商务英语存在的理论依据

根据索绪尔的语言观，语言和言语是两个不同的概念。语言是言语能力的社会产物，是必要惯例的总和，这种惯例为社会群体所接受，使每个人能进行言语活动。言语是个人运用自己的语言技能时的行为，因此是因人而异的，不同人的语言技能和技巧也是不同的。同时索绪尔还指出，研究语言就是要研究语言的交际性和功能性。所谓的语言功能就是指不同类别的言语行为，功能学派语言学家认为语言的功能就是语言的社会效能，语言具有交际、描述、内心表达等几大功能。所以我们说ESP 就是语言的一种功能变体，是专门供特定的社会文化群体所使用的言语范围。其实，在一定的社会文化群体中所特有的一种语言，在语言学中也叫语域。韩礼德认为语域变异是由于语言使用场合的不同而产生的，专门语言都有其专门的词汇和语法，随着语言学的发展，词汇、语体、语域研究不断深入，商务英语存在的理论更加完善。

3. 商务英语存在的教学依据

中国加入 WTO 标志着中国经济开始与世界经济全面接轨，中国开始全面参与国际交流和竞争。国际商务空间的活动范围越来越广，涉及贸易、招商、融资、商务会议、展销等活动。同时与这些经济活动相伴随的是不同文化之间的交流与碰撞，这不仅促进不同国家人民之间的相互了解，也可以促进各国经济、贸易等各方面的合作。

（三）商务英语作为 ESP 的教学模式

根据系统功能语法对语言层次的解释，我们对基于系统功能语言学的 ESP 教学模式做出探索。

1. 系统功能语法的语言观

系统功能语法所谈的语言是以语篇的形式出现的，是语境中的语篇。由于语篇是使用中的语言单位，是一种交际活动，所以它应该与交际的环境一致。语境分为普遍的文化语境和具体的情景语境。文化语境是社会结构的产物，是整个语言系统的环境，可以被看作是特定文化中所能表达的意义的总和；文化语境对语言选择的影响是最广泛、最微妙的。情景语境是语篇的直接语境，可以被看作是促成语篇构成的所有相关特征的抽象化。

2. 语境中的语篇和语言

学生学习外语的目的是充分利用各种情景语境和文化语境中的语言潜势，成功地理解和创作各种语篇，ESP 教学模式的探讨也将相应地沿两条线索进行——语境中的语篇和语言。这两条线索是紧密相连的：语境中的语篇可以看作是较广泛的线索，而语言可以看作是英语中各种可用源泉的更具体的线索。两条线索都建立在语境的两个层次上——文化语境和情景语境。文化语境反映出影响语篇和语言的各种价值观念、信念和行为，并通过英语文化中的各种体裁体现。包含在广泛的文化语境中的情景语境包括三个变量：语场、语旨、语式。

语言学习是一个动态的发展过程，除了注意课堂培训之外，还应积极创造语言环境，结合课外实践活动，安排课外学习任务，提高 ESP 专业学生的综合能力。

3. 商务英语作为 ESP 其教学模式应该遵循的理念

（1）"以人为本"教育观的确立

"以人为本"就是以学生为本，也就是高度重视发挥学生的主动性和创造性，唤醒学生的主体意识，培养独立人格，通过对学生作为受教育主体的尊重和承认，引导学生个性发展，增强他们自我认识、自我训练、自我教育和自我提高的能力，把培养学生的技术应用能力和可持续发展能力作为整个教育教学工作的基点。具体说来应该贯彻以下原则：坚持教育学生和服务学生并重、专业能力培养和职业素养养成并重、专业基础理论教学和实践性教学并重、教学规范化管理与因材施教并重。

（2）"能力本位"人才观的确立

我国高等院校所倡导的"能力本位"就是以培养学生技术和岗位应用能力为主，将学生具体培养为"具有良好的理论知识、较强的技术应用能力和沟通协调能力、较宽的知识面、高素质的专门人才"。所以，广大教育工作者要从国家经济建设和社会发展需要出发，在培养高等技术应用型人才的总构架下，按职业岗位对知识和能力的要求，坚持"人文先导，能力为本"的宗旨，面向地区经济建设和社会发展，适应就业市场的实际需要，以满足区域经济和行业人才需求为服务重点，围绕学生的发展与自我发展、培养与自我培养展开再塑过程，侧重培养学生的创业能力、就业竞争能力、技术应用能力和创新能力，增强学生分析问题和解决问题的能力以及实际工作能力，让学生学会学习、学会生存、学会做事、学会沟通、学会协作、学会发展、学会提高，把学生培养成能力强、素质高的应用型、复合型专门人才。

能力本位教育的教育内容如下：其教育方式是预先设计有系统之具体能力标准，然后依据学生个人的学习进度，以预先安排活动的方式引导学生获得该学科或行业的精通水准，其最终目的是使学生的学习成果产生具体行为表现。

（3）"零距离上岗"质量观的确立

"零距离上岗"就是零适应期。现代企业发展对人才需求提出的新要求是毕业生一到企业即能上岗，这是衡量现代人才培养的新标准，是现代企业用人的最佳标准。商务英语教育就是在商务环境下的就业教育，以适应性为宗旨，以能力为本位，培养既能动脑又能动手，具有较高的知识层次、较强的创新能力，掌握熟练英语技能的新兴技术应用型人才。所以，一所高校的商务英语专业开设成功与否、定位妥当与否，重要的衡量标准就是要看社会是否欢迎其毕业生，毕业生就业率是否较高，毕业生能否"零距离上岗"。因此，高校商务英语专业教育必须以社会需要为目标、以就业为导向，坚持面向生产、建设、管理、服务人才的需求，根据岗位和岗位群需要，对专业模式进行正确的定位。

（四）ESP 理论的商务英语教学法的原则

目前，商务英语教学法多是传统英语教学法的机械套用或简单复制，其表现为：课堂教学以教师讲授为主，学生被动地接受知识；教学内容围绕语言知识点展开，课堂教学时间主要花费在教授单词、短语、句型以及对课文的翻译上。这种教学方法脱离了真实的商务环境，忽略了商务英语教学与学生需求之间的联系，很难培养学生的创造能力、交际能力和团队协作能力，学生难以学以致用。因此商务英语教学方法的采用应该建立在 ESP 教学理论的基础上，原则上应包括以下几个基本点：

第一，教学目的明确。商务英语的教学目的是培养学生扎实的英语语言能力和良好的商务技能。

第二，内容专门化。商务英语教学材料应该和商务领域有直接或间接的联系，在题材、篇章、词汇等方面要反映出商务贸易的特点。

第三，要充分考虑学生的各种需要，即学生的目标需要、学习需要和情感需要，以必要的启发和引导来开展教学，培养具有现代商务意识、善于合作、讲求效率、具有实际商务能力的学生。因此商务英语的教学主要采用讨论教学法、情境教学法、案例教学法等。

（五）ESP 存在的缺陷

从理论角度出发，商务英语是一种特色鲜明的英语。ESP 提出的需求分析方法给商务英语教学提供了思考框架和操作思路，是 ESP 理论对英语教学所做的重要贡献。学生的需求往往涉及语言技能、行为技能、知识、思维过程等方面，把商务英语当作 ESP 的一种，实际上解决的是教学方式问题，而并没有揭示英语在商务领域活动中的使用情况。

ESP 理论不能对商务目标情景下英语是如何使用的做出系统描述，它没有对语言使用本身进行系统研究，它关注的重点在分析需求的手段，而不是对语言的系统描述上，也没有对专业知识做出系统的描述。

二、从英语的社会功能变体视角分析

（一）关于"英语变体"

任何语言都不是一成不变的统一体。语言依据使用的对象、地点、时间、环境的不同而发生变化，从而产生语言变体。语言反映了复杂的社会内容，其交际模式不是单一、简单的。由于历史、文化、社会、地域等多方面原因，目前世界各国对英语的使用并不再是传统意义上的"标准英语"，而是在英国本土以外形成诸多的"英语变体"；同时为了满足社会各个方面、各种现象的需要，英语也因其地域、社会等多方面原因出现与其他语言的差异，形成了英语变体，这些变体包括不同特色的母语英语、方言英语等。

（二）商务英语社会功能变体的依据

第一，把商务英语当作英语的一种社会功能变体，对认识商务英语有一定的帮助。语言的使用受语境的制约，语言要在一定的时间和空间内使用，这些情景因素影响着语言的使用；同时语言使用者的性别、年龄、社会阶层、职业等个人社会特征，以及语言使用时正在进行的活动类型、所处的社会文化等超越个人的社会特征，也影响着语言的使用。与这些特征相对应，语言的使用体现出语音、词汇、句法的特点，这些语言特点构成了语言的各种社会功能变体。

第二，亨利·威多森认为，如果语言是交际工具并为民族利益服务，反映在不同民族的价值观念上就必然有多样性。1985年，语言学家卡奇鲁在"英语世界化理论"中就提出"三个同心圆"模型理论，这三个同心圆分别是内圆、外圆和扩展圆。内圆指的是母语为英语的国家，如英国、美国、澳大利亚等。外圆包含的国家多由英国前殖民地组成，英语叫作"非母语变体"，在这些国家，英语从起初的强迫"移植"到新环境中，到现在"自然"与当地语言文化相融合，形成了民族化的英语变体，如印度、新加坡、马来西亚等。外圆的人口比内圆多，英语在外圆所包含的国家是第二语言或与其母语并列的官方语言，有一定的政治地位，其获得方式主要是通过学校教育。这些国家使用的英语可以称作"制度变体"。扩展圆指的是将英语作为第一外语的国家，如中国、日本、法国等。

第三，商务英语是英语的一种社会功能变体，是英语在对外贸易、招商引资、国际旅游、海外投资以及国际运输等商务活动中的具体应用，其文体复杂，所涉及的专业范围也很广泛，包括广告英语、合同英语、函电英语等。从普通英语与商务英语的联系来看，商务英语源于普通英语，是商务知识和普通英语的综合，虽然具有一定的独特性，但它完全具有普通英语的语言学特征。商务英语的社会功能变体主要表现在商务英语词汇变体和修辞变体两个方面。

词汇方面。商务英语是现代英语的功能变体，是随着商品生产及贸易的发展而形成的一种文体形式，反映的是商务活动的语义内容。商务活动从本质上讲必然和普通大众相联系，同时也有专属于以商务活动为职业的专业人士的特点。商务英语不以追求语言的艺术美为目标，而是讲究逻辑的清晰、思维的准确严密和结构的严谨性，这些特点必然会反映在构成语言的最小、最基本的独立运用单位——词汇上。

因此，商务英语词汇既有自己的特点，也与普通英语词汇相关联。商务英语还有着商务方面的常用术语和类似语境中常用的专业词汇，如 as a result、for this reason、in order to 这些表示逻辑思维的词汇用在商务英语写作中表示清晰、缜密的思路。同时，商务英语中要求用词简洁，如 cash with order、just in time delivery 等，贸易术语有 CIF（到岸价格）、FOB（离岸价格）等。这些都可以看出商务英语是以商务环境为背景，包含了各种商务活动内容的，适合商务需要的现代英语。

商务英语中专业术语的特点：第一，商务英语词汇的高度专业性。一些商务术语具有国际通用性，其意义精确、单一、无歧义，且不带有感情色彩，一般不需要借助上下文来理解。第二，商务英语中有大量的缩略语，而且简化方式多样。商务英语缩略语的数量与日俱增，意义广泛，涉及经济、贸易、财政、金融等各个领域。这是由于科技与商贸的发展，不断促进经济全球化，从而需要一种简便的交际语言来记录和表达。随着电话、电脑和网络的发展，国际贸易得到了高速发展，远隔重洋的买卖双方为便于记忆和记录，在交谈、发送信函时，均要求简明扼要，因此常使用缩略语。第三，商务英语中出现了大量的新词语。英语是国际交流的语言，商务英语是世界经济的语言，而语言是在社会使用中不断变化的。随着科技、社会经济的突飞猛进，新产品、新工艺的不断涌现，新的商务术语也在不断增加，如 online shopping（网上购物）、e-money（电子货币）、bubble economy（泡沫经济）、stagflation（滞胀）。新词语的使用可增添语言的时代感。

修辞方面。英语是世界上最常用的官方交际语言，商务英语作为功能性的英语变体，在形式和内容上都和商务知识密切相关。也可以说，商务英语承载了商务理论和商务实践的信息，是现代英语的一个重要组成部分。商务英语作为 ESP，有着固定的篇章结构形式和言语形式，即在谋篇布局、遣词造句等方面有着与普通英语不同的修辞特征。

语言是表达思想的工具，修辞则是表达语言的艺术，表意贴切、新颖、生动是运用修辞手段的目的。在合适的时候运用恰当的修辞手法，有助于达到成功交流的目的。当今世界，国际商贸往来越来越频繁，商务英语的重要地位越发显现。在商务语境中，商务英语是十分需要语言修辞艺术的。运用商务英语进行商务活动的交际者需要有效地运用语言交际技巧，进行恰当而得体的商务交际和谈判，避免或减少商贸摩擦，扩大商机，以便达到最佳的交际和谈判效果，取得最大的经济效益。例如，在商务英语谈判中，由于谈判对象、内容、时间、场合、气氛等不同，需要采取适当的修辞方式如委婉表达法，这样就能有效地缓和紧张的谈判气氛，打破僵局，摆脱窘迫的局面。实际上，恰当的语言修辞对谈判双方都是一种有效的谈判手段和策略。

修辞作为一种优化语言的方式，就是在特定的语境中把要表达的事情说得或写得更好、更恰当、更有效。如"物美价廉"若表达为"cheap and good"就存在措辞失误，因为 cheap 这个单词含有"便宜无好货"的消极意义，使人想起假冒伪劣商品，容易引起误会，通过比较分析，"economical and good"是更恰当而准确的表达方式。在商务交往中，双方出于礼貌和友善，有时有意把话说得模糊些，以这种语义的模糊达到交际的修辞目的。

例如，"The wrong type of paper was delivered." 和 "You delivered the wrong type of paper."。在这里，使用主动语态，就含有责备之意，而被动语态的使用显得委婉间接一些。当今商务英语的修辞趋于简洁，遣词造句的时候要考虑每个词在句子中与其他词语的搭配是否符合语言的结构规律，表达是否明白、合理和通顺。例如，"Better late than the late"这条安全标语很巧妙地运用了双关词语 late, the late 的意思是指 the dead，另外还套用了谚语"better late than never"的结构，显得通顺、简洁，用法独特，给人的印象颇深。在商务英语交际中，培养修辞意识，选择恰当的修辞方法，对语言进行比较和加工来增强表达效果就更有必要了，这就是适合语境的修辞选择。

作为国际商务活动交流的主要语言，商务英语传承了普通英语的许多特点，但更具有不同于普通英语的语言修辞特征，充分展现了其特殊用途的语言艺术魅力。在商务英语中恰当地使用修辞手法，可以给人留下深刻的印象，增加说服力，商务活动交流的效果更明显。关于修辞手法，通常可以分为：①语音类，如头韵、尾韵、谐音等；②词汇类，如委婉语、明喻、隐喻、双关、夸张等；③句法类，如反复、排比、倒装等。

总的说来，商务英语有很强的目的性，应选词恰当、精确，讲究礼貌，表意清晰，行文简约。在商务语境中，商务英语的修辞特色由此受到一定制约，但同时也显现出其特有的语言特色。

（三）对社会功能视角的评价

对商务英语的社会功能变体的研究如果从静态的角度来看，具有明显的局限性，应该从动态的角度来研究。商务活动是经济活动，而经济活动是在各种文化环境中由人开展的，从社会功能变体视角看商务英语是有积极意义的。

三、从学科专业视角分析

商务英语是一门应用型的边缘交叉学科。它以语言学与应用语言学为理论指导，应用于商务、经贸等领域，是英语中一种重要的功能变体。它既有简洁性、固定性、专业性，又有准确性和含糊性的矛盾统一特征。

（一）关于商务英语学科

商务英语是在我国对外开放不断深入发展的推动之下由英语学科与商科交叉而产生的一门新兴应用学科。该学科的发展水平深受社会对复合型国际商务人才需求的程度的影响。商务英语的学科建设如何适应社会对学科交叉发展的要求，决定了该学科能否变挑战为机遇从而获得跨越式发展。商务英语的学科交叉性质决定了跳出英语学科的既有模式，为其跨学科发展提供制度与组织支持是其学科建设的关键；多方面协调构建以及强化商务英语学科身份，并在学科发展战略上做出正确选择是其学科建设的重要内容。

1. 学科基础

商务英语学科的出现顺应了国际以及我国经济发展的大环境。在全球化的经济浪潮中，企业跨国经营，资本和管理人才跨国流动，各国经济逐渐连接成一个互相往来、互相促进的整体，国际统一的标准和操作规则日益为各国所接受。因此，社会不仅需要专业性很强的技术型人才，也需要大量通晓国际国内商务活动的应用型英语人才。商务英语正是为了培养此类应用型英语人才应运而生的崭新学科。

2. 学科特色

作为英语语言的一个专业分支和当代国际商务活动的 ESP，商务英语既有英语语言的基本语法、句法和常用词汇，又有其独特的学科特色。其特色有以下三个方面：

第一，商务英语学科的教学目标与普通英语不同。两者的主要区别是：普通英语的教学目标是培养学生精通英语语言，通过各种教学手段，重点提高英语专业学生听、说、读、写、译五项基本功，使其熟练掌握和应用本科阶段所采用的各种英语教材中出现的不少于 8 000 个的新词汇；普通英语专业的学生还可以通过课外时间大量接触外文书刊、收听各种外文广播、收看各种外文节目，涉猎更广泛的知识，积累大量教科书以外的词汇。商务英语教学则从商务活动出发，编排设计出实用性很强的教学内容，教学中突出商务活动中英汉双语交流的表达能力与公关沟通能力、实际操作能力，教学目标是全面提高学生的商务交流和应变能力，使学生具备清晰而准确的商务业务语言、丰富的商务理论和一定的实践经验，与外商、同事及国内外客户进行快捷有效的沟通，完成产品销售等各种商务活动任务，或者从事商务活动的研究和规划工作。商务英语教学中要求学生掌握的英语词汇量一般低于主修普通英语专业的学生，但同样要求通过英语专业四级乃至八级考试。

第二，商务英语突出强调商务背景材料和跨文化背景的学习。商务英语是商务活动的交际工具，交流的双方或多方常常从不同的政治、经济和社会文化背景出发用商务英语进行交流，其语言无不以商业利益为核心，语义常常超出传统的语言内涵和文学范畴。外商的进出口意向、产品质量及包装、各种单证的制定标准、对合同条款的解释和理解等商务运作中常常出现中外文化差异的碰撞，使谈判陷入僵局甚至破裂。开设英语国家文化背景知识、人文知识和国际商法等课程，研究国外的社会文化背景和思维习惯，提高涉外商务人员的文化品位和个人形象，赢得外商的信任，是各院校商务英语专业学生将来胜任商品或服务的进出口工作必须具备的业务素质。

第三，商务英语专业的词汇和习惯用语不断更新变化，与时代发展同步。全球科技和经济的高速发展把代表先进技术和繁荣经济的新术语和外来词源源不断地注入商务英语的语言和词库中，提高了国际商务活动用语的层次。不同于纯英语语言类和文学类的学生，商务英语专业从业人才需要学习和掌握层出不穷的新词汇，需要用敏锐的头脑随时发现并快速记忆和运用新词汇，使新词汇成为商务活动中的口语词汇。如 online marketing（网上营销）、homepage（网上用户主页）、E2 business（电子商务）、debit note（索款通知）、the uniform customs & practice for documentary credits（跟单信用证统一惯例）、dow Jones average（道琼斯 50 种工业平均指数）、Nasdaq（纳斯达克高科技股指数）、subsidiary（附属公司）、negotiable instrument（可流通的 / 可转让的票据）、the three RS of CE（循环经济的 3R 原则）。涉外商务活动实践证明，为保证涉外商务交流和公关活动顺利运转，各院校培养的高级商务实用人才除了扎实的英语语言基本功和本专业常用词汇外，应该学好、用好随时出现的商务英语新词汇。

3. 学科理念

商务英语的学科理念是培养学生掌握一种新的观察和认识世界的方法和习惯，用正确和规范的目标语言从事对外贸易和对外商务活动，加强我国与世界的商务联系，完成我国各个经济领域的对外进出口业务，在促进我国国民生产总值的不断增长中发挥不可或缺的作用。

坚持正确的学科理念不仅直接影响到高校培养涉外商务和外贸人才的质量，也影响到对外商务活动的成效。自 20 世纪 90 年代初以来，全国大多数高等院校陆续开设了商务英语专业。在这一新生事物的初始阶段，由于我国与世界各国开展的商务活动规模较小，进出口货物品种单一，对涉外商务活动从业人员的业务水平和专业技能要求相对较低。商务活动的现实需要导致了高等院校商务英语专业模式的不健全，开设的专业课程系统性不强；教学沿用传统以语言为中心的课程体系，仅增设经贸英语、外贸函电、商务英语写作、进出口业务实例等几门专业课程。在商务英语专业的"课时分配表"中，与语言、文学专业知识技能相关的课时占 70%，以中文编写的国际贸易、市场营销和合同法等课时占 10%，经贸知识、商务英语专业知识的课时仅占 20%。不健全的商务英语专业学科理念，导致商务英语专业在初期培养的以语言和文学知识为主的商务人才的知识结构与社会的需要出现严重脱节。与世界上经济发达的国家相比，我国在初始阶段输送给社会的商务人才的专业知识相对浅薄，缺乏系统的商务英语理论和专业技能。他们具备相关的理论和概念却缺乏实际的商务工作能力，能胜任企业和公司外贸出口业务工作中诸如海关报关员等具体工作，对外贸单证虽进行英汉互译，但离高层次的商务运作要求相距甚远。

随着我国对外开放的深入，特别是我国于2001年加入WTO以后，企业和公司远远不满足于商务英语毕业生局限于低层次领域，不仅要求商务英语本科毕业生外语功底好，金融、涉外法律知识扎实，计算机应用技术熟练，还希望他们成为对外商务活动和商务谈判的行家里手，能为企业和公司捕捉商机，能逐步成为企业和公司商务活动的开拓者和营造者，能在企业和公司的发展中通过产业工人和商务人员的共同努力，形成产销两旺的形势，使其产品或服务在世界市场上永远立于不败之地。

现今，商务英语应坚持正确的学科理念，不断完善学科建设，坚持以知识和理论学习为主、以参与商务活动运作实践为辅的人才培养方向。培养的毕业生应具备外贸专业知识和东西方文化背景知识，了解国际贸易惯例和涉外法律，熟谙计算机应用技术，成为集知识与技能于一身，既能从事对外商务活动，又懂国内贸易的高素质涉外商务人才。

（二）确立以就业为导向的商务英语专业人才培养目标

商务英语教育作为高等教育发展中的一个类型，肩负着培养面向生产、建设、服务和管理需要的高技能人才的使命。随着社会经济的发展，商务英语专业应从原来以"商务+英语"基本技能为主的能力培养，转向以"商务操作能力+英语应用能力+事业拓展能力+创新能力+人文知识运用能力"为中心的全面素质和综合职业能力的培养，把培养目标确定为培养德、智、体、美、劳全面发展，适应现代社会、经济和文化发展需要，符合高等教育人才培养的规律的专业化人才。

商务英语专业人才的培养规格定位为具有较扎实的英语语言基础及较强的英语应用能力，掌握宽泛的商贸知识及一定的商务操作能力，具备较强的事业拓展能力和创新能力，以及人文知识运用能力。

"较扎实的英语语言基础"是指比较扎实的英语听、说、读、写、译五方面的语言能力。"较强的英语应用能力"是指在商务活动中能熟练地运用英语进行交际，成功完成商务任务。只有掌握扎实的英语语言技能，才能在对外商务领域有立足之地，在涉外商务工作中有更稳、更大、更快的发展空间。"宽泛的商贸知识"是指了解诸如国际贸易、国际金融、电子商务、市场营销、国际商法等方面的一般商务理论知识和法律常识。"一定的商务操作能力"是指掌握国际商务活动中常用的实务操作能力，如进出口业务单证制作和处理能力、市场调研分析和产品推销能力、商务公关和谈判能力、商务信函处理能力等。"较强的事业拓展能力和创新能力"是指具

21

备较强的自主学习能力、自主创新能力、信息处理能力、解决问题能力、人际交往能力、团队协作能力等，即可持续发展能力。在当今的知识经济时代，知识、技术更新很快，提高学生的整体素质、培养学生的事业拓展能力和创新能力是保证其在飞速发展的社会中生存和发展的基础，有利于他们的职业能力进一步延伸、扩展和提升。"人文知识运用能力"是指全面了解和掌握中西方文化差异的能力，并在商务活动中具体运用，避免因文化差异造成不必要的文化冲突，使商务活动能够顺利进行，并取得良好的社会和经济效益。

（三）构建以职业能力为本位的商务英语专业课程体系

根据人才培养目标及就业岗位分析，商务英语专业应以语言为基础，以就业为导向，以市场需求为目标，以商务专业知识学习为主线，以职业能力为本位。课程设置要以学生综合能力培养为基点，以英语应用能力培养为主线，以商务英语为主体，以商务沟通能力和商务操作能力培养为重点；从内容和体系上对课程进行整合，构建知识和技能贯通的有机整体，形成脉络清晰的专业课程模块，最大限度保证学生知识和能力的循序形成和巩固拓展，充分体现语言与商务、知识与技能、理论与实践的有机结合。为此，商务英语专业应以"一条主线、二者交融、三个结合、四大模块、五个更新、六个提升"为设计思想，构建"模块化、进阶式、组合型"课程体系，形成人文素质、专业基础、专业核心、素能拓展四大特色模块，各模块之间既相互独立，又紧密联系，共同形成培养目标的有力支撑，更新以往的教学理念等，使教学的六个方面得到提升。

"一条主线"：以培养学生在商务环境下的商务知识和商务英语语言综合应用能力为主线，构建商务英语专业的教学内容和课程体系。

"二者交融"：专业课程设置对英语与商务两大板块进行有机整合，突破传统的英语和商务割裂的模式，使英语语言知识与技能和国际商务理论与实践相互渗透。

"三个结合"：专业知识技能培养与素质教育相结合，专业理论教学与实践教学相结合，专业课程教学与职业资格证书培训相结合。

"四大模块"：根据商务英语职业岗位群的职责与任务要求，课程设置在更新教育思想、转变教育观念的基础上将专业课程分为四大模块——人文素质模块（公共基础课）、专业基础模块、专业核心模块和专业素质拓展模块。人文素质模块课程引导学生树立正确的世界观和人生观，培养学生健全的人格和强健的体魄，提高学生思想素质和职业道德水平。专业基础模块由语言与商务两部分组成，通过基础英语等课程的学习及语言强化训练，帮助学生全面提高英语听、说、读、写等方面的技能；通过商务、贸易、金融、营销、商法等课程的学习，帮助学生掌握比较宽泛的商务知识和一定的企业管理知识。专业核心模块是商务英语专业的核心模块，着重于培养学生的综合素质与岗位核心技能，通过对语言与商务融合后的课程学习及综合实践训练，培养学生的英语综合应用能力和国际商务操作能力，以满足将来职业岗位的要求。专业素质拓展模块课程主要包括创业教育与实践，以及选修课和职业考证培训等，学生根据自己的兴趣爱好选修相关课程，拓展专业素质，提高综合能力，增强未来就业的适应性。

"五个更新"：根据商务英语与时俱进的发展特点，商务英语教学工作者必须更新教育思想、更新教学理念、更新教学方法、更新知识结构、更新教师队伍。因为只有高素质的教师才能培养出全面发展、适应 21 世纪国际商务发展需要的复合型商务英语人才。

"六个提升"：根据商务英语专业复合型的特点以及对教师自身的要求，提升教师的专业知识水平、提升教师的团队合作能力、提升教师的商务实践能力、提升教师的语言应用能力、提升教师的科研能力、提升教师的社会服务能力。因为教师对商务英语专业发展的成效起着不可估量的作用，教师是教学顺利完成的保证，也是商务英语专业培养出适应 21 世纪国际商务发展人才的重要基石。

（四）教学模式的设计与创新

教学模式改革是专业建设的一项主要内容，也是提高教学效果的一个重要手段。根据商务英语专业课程特点，在教学中从"实用性""交际性"出发，坚持以学生为中心，重视学生的主体地位，采用多元化、多样化的教学模式，注重启发式教学，倡导探究式学习方式，把情境教学法、案例教学法、任务教学法、项目教学法、模拟仿真教学法、自主学习模式等先进教学方法融入课堂教学之中，激发学生的学习兴趣和创新思维，充分挖掘其内在潜力，锻炼学生分析问题、解决问题的能力，培养学生独立思考、自主学习、积极探索、善于合作的能力；充分利用多媒体等现代化手段实施教学，使学生全身心地投入教学活动之中，提高教学质量。在理论教学方法改革的同时，应加大实践、实训教学力度，建立教学、科研、培训相结合的实践教学基地，引导学生学会学习、学会发现、学会动手、学会创造，注重培养学生的实际操作能力、创新能力，重视学生职业道德、服务意识和团队意识的培养，使学生在学习过程中得到最大限度的体验、操练和实践。

商务英语专业课程的教学应以工学结合为切入点，结合国外先进的教学理念实施 TCTDA 教学模式，即 Task-Construction-Training-Display-Assessment，中文为"任务确定—知识建构—语言及技能训练—成果展示—表现评价"。

1. 任务确定

根据教学内容和教学重点，在建构主义教学理念指导下，创新英语教学，教学重点放在培养学生实际能力上，建立"以学生为中心"，让学生通过具体实践来发现语言、使用语言并能够应用到英语实际交流中的教学模式；确立任务，教师导入任务，介绍有关的学习任务话题，布置学习任务并使学生明确任务的目标和结果。

2. 知识建构

输入文化背景知识、学习情境、语言技能，学习并复习和学习情境相关的语言。

3. 语言及技能训练

通过视频观摩、实地参观、模拟演练、角色扮演、教师指导示范、分析与讨论，让学生将输入的语言材料和相关的知识根据行为主义理论在多种活动中反复操练、消化、加工，使之进入长期记忆系统，内化于学生已有的知识结构中。

4. 成果展示

让学生将储入的语料和知识重新组织，在新的交际情况下以口头方式表达出来，把握语言的交际功能，有效地交流信息。

5. 表现评价

以职业能力考核为主，以考促教、以考促学、以考促做，以校内外考评相结合的方式进行课程考核方式改革。

（1）内部考核

内部考核即校内考核。在原有传统的形成性和终结性评定的基础上积极进行考核方式改革，改变评定方法，把学生在班级参与和课堂讨论中的表现作为学生学业成绩评定的一个部分，将形成性和终结性评定转变为过程评定。但过程评定对于班级参与和课堂讨论形式都有一些特别的要求，其中最根本的，就是要让学生围绕一项工作任务或一个问题学会更有成效地思考并为自己的见解提出证据。教学中所广泛采用的情境教学法、案例教学法、各种技能训练考核创造了大量的班级参与和课堂讨论，为评定提供了条件。

研讨法不仅是一种有效的评定方法，更提供了一种课程和教学改革的思路。把课程、教学和评价进行整合，使它们融合为一个有机整体，这种思路也是当前各种质性评定方式的一种共同趋势。另外，商务英语专业课程标准最终要求学生掌握的知识、技能和素质都与职业资格证书要求考生掌握的知识、技能和素质一致。采用课证融通的考核方式，可以进一步推行工学结合的人才培养模式改革，开展职业导向的教学创新，使教学与毕业生就业岗位密切结合，帮助学生提高证书获取率和就业率，增强职业能力。

（2）外部考核

外部考核即校外考核。校外考核主要针对学生的实训、实习，考核的主要内容包括职业技能和职业道德、学生实习报告以及教师跟踪报告。教学考核方式的改革可以让学生真正理解和掌握每个工作任务的知识点和技能点，做到学以致用，以考促学、以考促教、以考促做，活学活用。

（五）建立商务英语专业质量评价体系

以商务英语专业毕业生就业质量以及行业企业对高技能人才质量评价为切入点，从高技能人才质量标准的岗位专业能力、岗位迁移能力和可持续发展能力三个维度进行分析，同时注重教育质量评价主体的多元性，包括政府定期评价中的就业率统计、政策倾斜等，专项评价中的教育教学质量评估等，社会专业测评中的组织接受相应院校、企业、评估机构以及投资者、资助者等委托做出评价以及学生自我评价等，最终形成包括院校、企业、政府、学生、社会中介等在内的评价主体体系，提高评价的信度与效度。商务英语专业必须确立科学而实际的人才培养目标、培养规格、培养模式和课程设置。我们要不断反思、梳理、检视商务英语专业人才培养的全过程，用新理念、新方法、新模式、新措施面对未来，迎接挑战。这样，才能确保商务英语专业办学质量和人才培养水平向高处发展，所培养的学生更符合社会的需要。

第二章 商务英语与跨文化交际能力

第一节 跨文化交际能力的内涵

一、跨文化交际能力的含义

跨文化交际学是一门起源于美国、由多个学科构成的新兴学科，最初的研究是为美国军方海外驻兵和对外军事行动服务的。随着国际商务往来的发展，此项研究开始民用，此后，跨文化交际的含义泛化为不同文化背景的个人和群体之间的有效交流。

跨文化能力(intercultural competence)和跨文化交际能力(intercultural communicative competence)是跨文化研究中经常遇到的两个概念，然而就目前资料来看，两者之间的界定并不清楚，都用来指"不同文化背景的个人和群体交流的有效性和得体性"，而且多以交际能力的概念导入。我们认为，跨文化能力与跨文化交际能力有交叉的部分，例如，两者都要求交际者具有跨文化意识，具有两套或多套文化系统知识等。两者的区别在于"交际能力"，交际能力是一种行为能力，是在特殊场景中实现交际目标的行为策略能力，拥有跨文化能力并不等同于具有跨文化交际能力。

二、跨文化交际能力的构成

交际或者交流都需要语言，然而语言本身不能承担有效交际的所有功能。交际需要以文化作支撑，语言承载着文化，是文化体系中的一部分，人的情感系统和行为模式受控于自身的文化系统。正因如此，现代第二语言教学的目标已经从原来单纯的语言知识和技能培养转变成跨文化交际能力的培养。

培养跨文化交际能力要确定该能力的构成要素，然而鉴于跨文化交际学本身跨学科的特点，各学派对于跨文化交际能力所涵盖内容的观点并不统一。

（一）行为维度

门登霍尔和奥德多从有效跨文化商务沟通的角度认为交际者应该具有三种能力：①自我维护能力，即保持自己身体、心理健康，减少压力，保持自信的能力；②与当地人建立、保持和增进关系的能力；③认知能力，即正确认识当地环境和社会体系的能力。

（二）情感、认知维度

鲁本和基利认为,交际者应该具有情感能力和知识能力。情感能力包括移情能力、开放的接受态度和对不确定因素的宽容态度。知识能力包括掌握收集信息的知识、掌握文化差异的知识、掌握人性相同点的知识和正确分析对方行为模式的知识。

（三）认知、情感、行为维度

除上述观点外,另有其他类似观点。总体来说,这些观点对于跨文化交际能力培养内容的指导操作性不强,相比之下,金荣渊从认知、情感和行为方面对跨文化交际能力的分类比较符合教学规律,因为教学就是培养学生认知能力、情感能力和行为能力的过程。

1. 认知能力要素

交际是一个复杂的过程,是交际者对交际目的进行编码、形成信息,再通过一定的渠道或者方式传达到接受者,接受者解码反馈的过程。交际过程中的各个环节都受到交际双方性别、年龄、受教育程度、文化背景等影响。跨文化交际的认知能力要求交际者能够理解并破译不同言语和非言语编码的能力,具体包括三方面的能力。

（1）掌握目的文化的交际体系

语言是交际的主要手段之一,掌握目的文化的交际体系要求掌握目的文化的语言。这里的语言不只包括语言知识还包括语用知识。语用知识能够帮助交际者得体地使用语言,如以对方接受的方式表达赞扬、邀请、拒绝等意图和情感。

（2）文化理解

话语模式和行为模式基于文化,对于目的文化的理解程度决定了交际者对其话语模式与行为模式的理解和接受程度,是移情能力的基础。文化是一个宽泛的概念,其分类形式多样,一般认为文化的重心包含于伦理方面、政治方面和经济方面。文化理解是一个长期的过程,要求了解其历史、政治、价值观等方面的知识。

（3）认知的综合能力

所谓认知的综合能力是指整合信息的能力。一个高水平的跨文化交际者能够更深入地了解目的语和目的文化,从而形成一种心理倾向,能够辨别本民族文化和其他文化的细微差别。

2. 情感能力要素

情感能力是跨文化交际能力的重要组成部分,要求交际者具有跨文化交际意识,尊重其他文化的态度,克服民族中心主义、种族主义等交际障碍的能力。交际者具备良好的移情能力有利于在行为上采取得体的交际策略。情感能力包括以下三个方面的内容。

（1）适应动机

适应指交际者在跨文化交际语境中适应其他文化系统的交际模式，能够按照对方习惯接受的方式交际。交际者适应的速度和程度取决于交际者的交际动机，有强烈融入对方文化动机的人，对于接受对方文化有着充分的心理准备，适应速度较快；反之，适应速度较慢。此外，年龄对于适应能力也有影响，年轻人比较容易接受新的文化，而年纪大的接受起来就比较困难。

（2）身份弹性

身份弹性是一种基本的社会心理定位，涉及交际者对自身、母语文化和目的文化的尊敬，即交际者是否愿意改变其建立在原有文化体系中的行为模式和习惯。这种弹性或适应性有利于减少对其他文化的偏见，从而使交际者实现交际目标。

（3）审美情绪

审美情绪与鲁本提出的移情较为接近。移情是从对方的角度看待问题，而审美情绪更加深入，指交际者在跨文化语境中的交际行为是否符合目标文化的审美习惯。了解对方的审美习惯有利于交际者欣赏、理解对方的文化产品，包括美术、音乐、体育等；同时也有利于交际者理解日常生活中所遇到的对方文化中喜、怒、哀、乐等情绪的表达。

3. 行为能力要素

跨文化交际能力指交际者能与不同文化背景的个人或者群体进行有效沟通的能力。交际是一种行为，交际能力体现在具体交际行为中，所以跨文化交际的行为能力是跨文化交际能力的最终体现。行为能力的最终形成需要认知能力所获得的知识作支撑，情感能力作铺垫，即通过具体行为表达个人的认知和情感经验。跨文化行为能力包括以下三个方面的内容。

（1）技术能力

技术能力包括基本的语言技能、工作技能、学术技能等一切能够获得有用信息、解决不同问题的技能。

（2）协同一致能力

协同一致能力指交际者能够以得体的举止与当地人和谐相处的能力。

（3）策略能力

应对变化的策略能力，指交际者能够克服文化差异，运用合适的交际策略解决问题，实现交际目标的能力。

（四）综合观点

贾玉新通过综合不同分类的跨文化交际能力，总结出四类交际能力系统，包括基本交际能力系统、情感与关系能力系统、情节能力系统和策略能力系统。

1. 基本交际能力系统

基本交际能力包括语言和非语言行为能力、文化能力、相互交往能力和认知能力，是交际者进行有效交际的必要条件。

（1）语言和非语言行为能力

语言行为能力包括词法、语音、语法、句法等语言知识，是正确使用语言的能力。语言并不是唯一的沟通工具，非语言行为同样是重要的沟通工具。萨丕尔对非语言行为的定义是：没有明确记载、没人知道却每个人都知道的细致的密码。据估计，在交际中非语言行为可以占93%之多，包括用肢体语言收发面部表情、目光接触、交流距离、姿态、音调等信息。

（2）文化能力

这里的文化能力与金荣渊的技术能力相似，包括：与作业程序相关的知识；信息获取的技能与方略；处理不同的人际关系、扮演不同的社会角色、承担不同的社会身份、处理不同的情景和场合的能力；具备交际者所具备的素质，如自我调节、对文化差异高度敏感、对非语言行为有高度的意识性；对文化取向、价值观念、世界观、生活方式等知识的了解。

（3）相互交往能力

跨文化交际的交往能力是根据交际规范来界定的，交际规范包括环境、情景与交际的关系，尤其是承担各种文化身份、社会角色，处理社会和人际关系的能力，言语的社会功能、会话合作、礼貌交际、面子功夫、轮番谈话、语篇衔接、毗邻对偶等交往能力，非言语行为、关系协调和认知能力。

（4）认知能力

这里的认知能力与前面提到的认知能力不同，是从认知过程即描写—解释—评价来界定的。描写是对人们观察到的行为进行客观描述，没有评论也没有任何社会意义。解释是对所观察到的行为进行加工，赋予意义，当然对任何行为的解释都会有不同。评价是对解释赋予积极或消极的社会意义。人类的感觉器官本身具有一定的局限性，如错觉等。文化对认知起干扰作用，文化的介入使认知从描写阶段就偏离了客观的轨道，影响了最终评价。

2. 情感与关系能力系统

情感能力主要指移情能力，即认同和理解别人的处境、感情和动机的能力。移情需要交际者承认个人和文化之间存在的大量差异，这是普遍现象，因为世界是多元性的。移情过程包括充分认识自我；悬置自我，消除自我与环境的分离状态；设想自己处在别人的位置，深入别人的心扉；做好移情准备，经验移情；重建自我五个方面。关系能力需要交际者在交往中使用正确的交际策略，如交际双方应满足彼此自主和亲密交往的需要；相互吸引是建立良好关系的基础，交际以产生共识为前提，而共识又涉及文化取向、价值观念等方面的共享，共识能强化未来交际者之间的进一步交往，以适应对方代替群体中心主义等。

3. 情节能力系统

W. 巴美特·皮尔斯指出交际者至少应该具备四个方面的情节能力：①在具体情节中达到人们期望的能力。②在特定情节中，交际者要达到某一目的，并尽一切努力去实现的能力。③遵循特定情景中的交往规则的能力，包括如何开始谈话、结束谈话、对对方做出反应等。④正确应对社会情节，即对一切日常会话中反复出现的话题、惯例和礼仪性的会话行为所组成的交往场景得体应答的能力。

4. 策略能力系统

此处的策略能力不是泛指交际策略，而是指交际者因语言能力问题或语用能力问题没有达到交际目的，而采取的补救措施或策略。卡纳尔和斯温认为，策划能力是交际能力的重要组成部分，包括：①语码转换策略，指当语言局限表达时可在双方共享语言中选择转借词；②近似语策略，指用近似语来弥补因语言能力不足带来的词语或语篇空白，包括笼统化、释意、创造新词语、重新组构；③合作策略，指交谈双方共同努力利用彼此已有的语言知识、文化知识共同解决交流障碍。

综上所述，跨文化交际是政治、经济、文化全球化发展的结果，有效的沟通与交流以达到沟通目的，需要交际者具备跨文化交际能力。然而，国内外学术界对于跨文化交际能力的内涵及构成要素说法不一。国内外语教学界虽然明确了外语教学要培养学生跨文化交际能力的教学目标，但是鉴于跨文化交际能力内容复杂、广博的特点，在教材编写、教学模式确定等方面有一定的困难。

第二节 影响跨文化交际能力的因素

在现实生活中，人们的言谈举止都自觉或不自觉地遵守着各自社会的风俗习惯，都反映着本社会群体的价值观。文化不同，人们在价值观、思维方式、生活形态以及社会规范等方面的表现就不同。处在不同文化背景下的人，在交际时往往会产生心理上的距离，从而造成交际失误、人际矛盾甚至文化冲突。在跨文化交际能力的研究中，文化因素的探讨已成为重要内容之一。

从跨文化交际的现实反映中我们可以发现，影响跨文化交际能力的因素集中体现在两个方面：一是文化特质外化表现的民族性格；二是形成文化特质历史缘由的自然环境和社会环境。

一、民族性格

民族性格以价值观念为基础，是文化特质的外化表现，是了解一个民族文化和行为的重要方面。民族性格又是可感知的行为特征，对交际行为有着直接的支配作用。那么，何谓民族性格呢？简而言之，民族性格是一个民族总体的价值取向，指一个民族在对人、对事的态度和行为方式上所表现出来的心理特点。民族性格的根由来自态度取向。

所谓态度，是指对人、对事的一种心理倾向，它决定着人们是积极肯定还是消极否定地对待某一个人、某一件事或某一种行为。

（一）态度的构成

根据社会心理学家的实践与研究，态度由三种成分构成：认知、情感和意动。如果人的心理倾向在一定程度上具备了这三种成分，即形成了态度。

认知成分是指人或物被感知到的方式，是个体对人或物的信念或真实知识。换句话说，认知成分是人们在大脑中形成的一种心理印象，即对某种对象所持的思想、信念及知识。例如，很多人的一贯想法是：美国人慷慨，中国人好客，犹太人富有，德国人严谨，很明显这是一种思维定式。

情感成分包括一个人对某些人或物的评价、爱好和情绪反应，是带有主观爱好的情绪表现。情感具有执着的特点，故一般来说相当稳定。在日常生活和交际的过程中，情感成分往往比认知成分更重要，有时交际双方信息或共识可能类似，然而在情绪上却会表现出对立的态度。

意动成分指人们对某种对象的行为意向，包括指向人或物的外显行为。意动成分往往受到认知成分和情感成分的影响。

一般而言，很多心理学家研究态度的重点都集中在人们对待其他文化群体所持的态度这一个大范围内，由此引导人们与不同文化群体的人进行有效的跨文化交际。

（二）态度的功能

人们对人或事的态度，完全是心理需求的结果，也就是说人的态度服务于心理功能。一些专家学者认为态度的功能有以下四种：①价值表现。人们用态度来表示自尊，并肯定自我形象。②自我防御。人们通过某种态度来保护自身利益和自我形象。③客体认知。人们持有某种态度来证明他们拥有支配世界的知识。④功利实现。人们持有某种态度是因为可以得到某种利益。

二、自然环境与社会环境

（一）地理环境

地理环境包括一个民族所处的地理位置和气候条件。多数人类学家、社会学家认为一个民族的地理环境对民族文化的形成起着决定性的作用，在经济不发达的古代社会尤其如此。文化和环境的关系，主要表现为地理环境在很大程度上决定了人们的生存方式、生产方式，进而决定了人们的行为模式和社会规范。

完全不同的地理位置和气候条件塑造出完全不同的文化特质，一是农业文化（或大陆文化），二是商业文化（或海洋文化）；两种不同的文化又塑造出两种完全不同的民族性格。

1. 农业文化的特征

农业文化的特征表现在：经济小农化、国家家庭化、社会等级化、礼仪规范化。一般认为，造成中华民族的传统价值观念、民族性格的原因大致有以下两个方面：

（1）地理环境的封闭

中国处于亚洲大陆，东边是汪洋大海，在古代没有发达的航海设施和技巧，因而阻隔了海上交通；南边在古代是尚未开发的不毛之地，瘴气弥漫难以穿越；西边是高耸的喜马拉雅山脉，想要穿越比登天还难；北边修筑万里长城，筑起了人为的屏障。由此可以看出，中华民族的自然环境在古代是相对"封闭"的，人们就生活在这样一个"包围圈"里，过着自给自足的生活。

（2）农业生产的有利条件

中国幅员辽阔，中原地区属温带气候。中国文化的发祥地——黄河流域，尤其适合农耕，由此决定了中华民族以农业为主的经济形态。中国古代"重本轻末"的观念根深蒂固，"本"指农业，"末"指商业，因此古代中国人靠农耕为生，尚农轻商。

2. 欧洲海洋文化的特征

西方的文化、民族性格，与其相适应的价值观念及制约人们行为的社会规范，这一切的诞生与海洋有着密不可分的联系。欧洲多数国家是岛国，如希腊，四面环海，陆地面积非常小，为了生存，唯一的选择就是去征服大海和发现新大陆来拓展自己的生存空间。男子出海探险，老弱妇孺留在故土，家庭模式于是被瓦解。海浪凶险，出海者必须同舟共济才能渡过难关，出海探险者在相互的交往中逐渐结成了平等的契约式关系，这就是在海洋国家中航海业最早发展并且形成商业经济的原因。长期生活在海上的西方人，形成了好"动"的民族性格，求变、好奇逐渐成为海洋文化的特点。商人集聚城里，发展了与其相适应的社会组织，建立了较为民主、平等的契约社会。

（二）建筑风格

一个民族的建筑风格会受到它自身文化的影响，同时又反过来对民族的生活方式和民族性格产生影响。

1. 建筑风格与空间界限

中国地理环境的封闭性导致了中国的建筑风格也是"封闭"的。中国的建筑以筑墙闻名于世，"墙"在中国随处可见，如长城、紫禁城、四合院的砖墙，村落的土墙以至田间的竹篱笆墙。在中国的传统文化中，没有围墙就不能称为"国"，没有围墙就不能称为"家园""公园""校园"。曾经有学者对我国工业和教育两个系统的建筑的围墙长度做过推算，总计长度达100多万千米，大约是长城的150倍。如此多的围墙，可以想象，在墙篱中生活的人在心理上肯定也会受到一定程度的影响。

西方的建筑与中国相比较而言，更享受空间带来的舒适度，他们对空间具有极端的崇尚和高度的敏感。在西方国家，无论大城市还是小城市，工厂、企业、学校以及家庭建筑，多数没有具体明确的边界，而乡村中农户之间的生活则更加漫无边际。西方人喜欢用大小不等的空间来调节群体和家宅。如果你到一所西方的大学参观，会很难区分学校的范围和大小，因为其起点和终点难以辨认，学校与其他建筑的分界线似乎不存在，这也可以体现出西方建筑崇尚空间的显著特点。

2. 建筑风格与文化内涵

人们建造了建筑，建筑风格则体现了更丰富的文化内涵。完全不同的城市建筑，体现了完全不同的生活方式；完全不同的民族个性，则体现了完全不同的思维方式和完全不同的交际风格。这里以北京和纽约这两个代表中西方文化的大都市为例来具体说明。

代表中国建筑文化的北京城的建筑以高墙深院的四合院结构为特点，传统的北京民宅有着庄严肃穆之感。四合院是有等级的，是家长制的，偏正分明，主次有别。每个四合院都好比历史隧道，代表着传统文化。因为巷道是权力的体现。北京建筑本身就是文化，就是凝固的历史和传统。北京城是"静"的城市，崇尚精神，与自然和谐。由此也可看出，北京的生活节奏是慢悠悠的，安详宁静，充满了人情味；北京的人际交往是含蓄的、委婉的。

在代表西方文化的美国大都市纽约，林立的高楼大厦是相互独立的，你我分明。纽约是"动"的城市，崇尚物质，与自然竞争。由此可以看出，纽约的生活节奏是快速的，充满了竞争和铤而走险。纽约人的人际交往是直截了当的、坦诚直率的。

第三节　商务英语教学与跨文化能力培养

一、强化跨文化交际能力，提高商务英语教学质量

跨文化交际的顺利进行首先需要交际者掌握目的文化的信息系统，包括学习语言、认识语言和文化的关系以及掌握非语言交际系统。

（一）培养跨文化意识

1.跨文化意识概述

语言是文化的一部分，也是文化的载体，要学习语言必然要了解语言所反映的文化。因此，外语教学显然不应单纯地讲授语言知识，还要传授一些文化方面的知识，改变英语教学的现状，培养学生的跨文化意识。

汉维认为，跨文化意识就是理解和接受文化差异的能力。随后，有西方学者将跨文化意识定义如下：跨文化意识是跨文化交际中认知方面的问题，指的是对影响人们思维与行动的文化习惯的理解；跨文化意识要求人们认识到自己具有文化属性，也要基于同样的认识去探寻其他文化的突出特征，只有这样，才能在跨文化交际中有效地理解其他文化的行为；由于每一种文化都有其独特的思维方式，不同文化之间的差异往往会在跨文化交际中造成严重问题。

上文对跨文化意识的解释认为跨文化意识属于认识问题，是对影响人们思维和行为的文化习俗的理解。从上述解释可以看出，跨文化意识要求人们既要将自己视为文化人，也要将他人视为文化人，并努力探究彼此间的文化差异，这样才能真正理解对方的行为。然而，这种观点存在一个漏洞：承认差异和接受差异是不同的。要保证跨文化交际顺利、有效地进行，交际双方应做到两点：知己知彼，发现文化差异；能够接受和正确对待这种差异。

具备了跨文化意识的人们可以体会到，社会不同，人们的观念和行为也有所不同，他们承认文化的多样性和世界的多元化，懂得世界上任何一种文化都有其存在的合理性，不同文化相互之间既存在差异性，又不失平等性。因此，深入理解和真诚接受文化差异是非常重要的。

关于跨文化意识，还有一种说法更加简单易懂，即跨文化意识是理解、接受和处理文化差异的能力。要实现这一点，交际者必须具备一定的跨文化意识，即在跨文化交际中，对不同文化之间的差异和冲突具有感觉的敏锐性、理解的科学性、处理的自觉性。

2.跨文化意识的培养目标

第一，学生要有较强的获取外国文化信息的能力，并能对获取的信息做出客观的评价。通过影视、报纸、经典名著等媒介，学生将会获得大量的外国文化信息，这就需要他们能以"我"为主，具有自己的判断。

第二，学生应具备良好的文化理解能力。因为在学习外语的过程中，学生会经常碰到一些具有丰富文化内涵的词汇和典故等。

第三，学生要对外国文化持客观态度。通过不断学习与实际交际，让学生在一个相对真实的场景中去了解和掌握外国文化并做出评价，取他人之长，补自己之短。

第四，学生应具备进一步学习外语及其文化的能力。因为外语及其文化的学习和掌握是一个循序渐进的过程，它没有终点，学生需要不断地研究、学习，以提高自己的能力。

第五，学生应具有较强的交际能力。随着社会历史的不断发展，国际交往日益频繁且深入，学生要迎接时代的挑战，必然要具有较强的交际能力。

（二）掌握目的文化的信息系统

1.学习目的文化下的语言

语言是交际的工具，也是熟悉其他文化的重要途径，因此，要培养跨文化交际能力首先要让交际者熟悉目的文化下的语言。当然，世界上语言种类如此之多，我们不可能全都学会，但学会世界上通用的语言、了解其日常用语还是很有必要的。英语作为一种国际通用语言，不仅是大多数国家学校教育中的主要外语，还是国际会议、商务往来的官方语言和通用语言；因此，学习英语是提高跨文化交际能力的一个重要砝码。

2.认识语言和文化的关系

语言承载文化，同时也反映文化，这一点在习语和谚语上表现得尤为明显。英语习语的特点是字面意思与习语本身的意思不同，只有了解习语的文化内涵才可能正确理解和使用习语，才能促进交际。另外，交际者的成长环境、教育背景也是影响其理解和使用词汇、习语的一个重要因素，因此交际者必须时刻注意这一点，从而选择合适的词句表达和交际。

3.正确理解和使用非语言符号

除语言符号外，人们在交际中还经常使用大量的非语言符号，如目光、体态、味道等。这些非语言符号在不同的文化中有着不同的含义，误用或误解非语言符号很容易引起误会或矛盾。因此，跨文化交际者必须正确理解和使用目标文化中非语言符号的含义，以促进交际的顺利进行。

（三）加深对东西方文化差异的认识

霍尔的语境理论认为汉语、日语属于高语境文化，英语属于低语境文化。谈判中，高语境文化一般更加委婉，喜欢用间接的方式表达不同意见，其谦虚的文化传统使其一般不会直接说"No"，而是用"I'm sure you understand my situation.""I have to think about it."等语言来表达；而低语境文化中的人们难以理解这些微妙的间接的拒绝，可能会误认为对方已经同意。除了思维方式上存在差异，东西方文化在问候、称赞、感谢、致歉、委婉语和禁忌乃至体态语言方面也存在着明显的差别，在商务英语教学过程中需要让学生注意英汉交际文化上的差别，教师要引导学生自行总结不同文化之间的差异，在了解英语文化的同时也加深对自身汉语言文化特点的理解，在发现差异的过程中也逐渐找寻共性，避免因为文化背景不同造成沟通困难。

（四）引导学生广泛接触西方文化

在大学里，课堂教学的时间很有限，但对于学生而言，他们在课后有充分的可支配时间，因此不能仅仅依靠教师在课堂上的教学来培养跨文化交际能力。除了课堂英语教学外，教师应引导学生通过课外学习提升跨文化交际能力。

教师要引导学生利用课外时间广泛阅读英语文学作品、报纸杂志和时事评论等材料，这样不仅可以让学生领略到地道的英语书面和口头表达方式，还能让学生了解一个民族的习性、心理状态、文化特点、风俗习惯、社会关系等，从中吸取文化知识，增加文化素养，拓宽西方文化视野，提高跨文化交际能力。

另外，有外教的学校还应充分发挥外教在西方文化传播中的作用，让学生直接与外教交流，听外教做报告或讲课，学习西方的文化习俗和交际技巧。

（五）提高对文化冲击的适应性

很多人在第一次和某种文化接触时都会出现一定的抵触和不适应，为了将商务交际继续下去，要想办法缓解文化冲击，提升自身的适应能力。在商务英语教学过程中，教师在进行语言教学时可以适当增加外国文化知识相关的内容，讲解一些趣闻，消除学生对外国文化的抵触情绪和陌生感；在商务知识教学中可以适当添加一些外国文化礼仪相关的内容。同时，教师可以鼓励学生观看一些有教育意义的英剧、美剧等，尤其是一些生活氛围很强的优秀剧集，这样的剧集中有大量生活化的文化细节可供学生学习。学生在追剧的过程中，将英语文化中人们沟通交流时丰富生动的肢体语言和面部表情与台词内容、语调发音变化联系起来，能够有效锻炼其英语文化背景下的思维方式。学生以学习的态度追一部剧，对语感和跨文化交际能力提升的帮助十分明显。

（六）注意时间观念、物理环境、习俗等因素

1. 时间观念

时间观念是交际活动中的一个重要因素。不同文化下的人对时间的取向不同，交际风格和交际过程也就有所不同。例如，单一时间取向文化下的人通常严格守时，迟到者有必要向他人表示歉意；此外，他们做事也很讲究效率，交际风格较为直接。多向时间取向文化下的人则不那么严格守时，例如，商务合同在 2 ~ 3 小时的午餐休息时间内签署，在会议快结束时才开始谈生意等现象就经常发生。

2. 物理环境

不同文化下相同的交际活动有着不同的交际规则。例如在美国，商务谈判通常在会议室举行，谈判双方面对面坐着，气氛比较紧张。了解非语言交际中的时空语言有助于交际者明了目的文化中的交际规则和交际风格，从而使举止更加得体，使

交际行为更加有效。

3. 习俗

习俗是文化的一部分，入乡随俗是跨文化交际的一项重要的能力。如果不了解目标文化下的某些习俗，跨文化交际就会出现各种各样的困难。在出国之前，了解当地的习俗有助于我们更快地适应陌生环境，更顺利地实现交际的目的。

（七）学会处理冲突

交际中难免发生冲突，而跨文化交际由于文化之间的差异更容易产生冲突。要想使跨文化交际顺利地进行下去，交际者就必须学会处理冲突。

1. 退避

退避是避免冲突的一种常用的、简单的方式。这里所说的退避不仅包括心理上的退避，如沉默不语或在预感可能发生冲突时绕开话题等，还包括身体上的退避，如远离冲突。

2. 竞争

竞争也是处理冲突的一种方法，但这种方法较为强硬，常表现为交际者通过威胁、言语侵犯、胁迫或剥削等方式将自己的意志强加于对方，从而使对方认同、接受自己的行为、观点、价值观等。

3. 和解

和解和竞争正好相反，它是指交际者放弃自己的立场、观点，接受对方的思想，从而与对方达成一致。这种方法在处理冲突时十分有效，但却意味着交际者本身较为软弱，或要求交际者本身对"谁胜谁负"持无所谓的态度。

4. 折中

折中介于竞争与和解之间，是指交际双方为解决冲突而找到一个双方都能接受的方法。这种方法虽然能使交际双方都感到满意，但同时也意味着双方都要做出一定的牺牲或让步。

5. 合作

合作是通过富有建设性的方法来满足交际双方的需要和目的的一种处理方法。合作不同于折中，它是以积极的态度来看待冲突、解决冲突，以实现交际关系的融洽。

二、商务英语教学中跨文化交际学的导入

教师在讲授基本语言和专业知识时，还应注意培养学生的社会文化能力，理解中西方文化传统的差异；选用课堂教材的时候要结合真实的语言材料，向学生讲解西方国家中打招呼、介绍、访问、宴请、告别等社会交往中的文化因素，潜移默化地帮助学生提高语言形式的正确性，重视语言应用的得体性，从而逐步获得跨文化的敏感性；可以采用以学生为主体的教学模式，加强课堂的互动，模拟真实商务情

景，切实提高学生的跨文化交际能力。

（一）转变授课教师观念

以往的外语教学，教师都起着绝对的主导作用，并且教师常常只把重点放在语法和词汇教学上，这样的教学方式使学生对语言的实际运用掌握不够，也无法获得跨文化交际的能力。因此，授课的教师必须转变自己的教学观念，切实认识到文化冲突的危害性和培养学生跨文化交际能力的重要性。首先，改变原先的以教师为中心的传统教学模式，采用以学生为中心的个性化、主动式学习模式，发挥高校学生在跨文化交际能力培养中的主动性。其次，强调文化因素在涉外商务活动中的重要作用，把目的语文化意识作为教师教学和学生学习的目标之一。另外，教师也要不断加强自我学习，提高自身的综合文化素质，只有这样才能全面把握英语文化知识教育的量与度，以及教学的具体步骤和方法，以达到预期的教学目的。

教师必须不断更新教学观念，提升自身的商务知识与文化素养，使自己具有较强的目的语商务文化意识。只有全面了解西方国家与本国不同的政治制度、法律体系及管理理念、经济环境等，才能更好地向学生传授西方国家的商务文化，培养能够在不同文化背景下进行交际的商务人才。为了解决教学与实践相脱离的问题，高校可以通过进修培训或安排教师到对口企业一线挂职锻炼等方式鼓励教师不断提高专业实践教学的能力，还可以从企事业单位中聘请既有较高理论水平又有较强实践能力的跨文化交际人员任兼职教师，进一步完善"双师型"教师队伍建设。

（二）优化课程设置

课程设置问题是目前商务英语专业本科阶段教学关注的热点之一。目前我国高校中开展商务英语教学起步较早的学校在课程设置方面大都已经比较完善，主要分为三个模块，即基础语言技能、商务知识、文化知识。就文化知识在商务英语课程中的设置而言，一方面，对跨文化交际能力的培养可以融合到英语基础知识的传授中，在商务英语听说相关课程中，突出语言是文化的载体，适应交际的目的；在商务英语写作与翻译课上，不仅要让学生掌握准确的语法知识，还要注意在不同语境中语言使用的差异。另一方面，向学生介绍有关英语国家的政治制度、法律体系及商务环境等文化知识，增强学生对文化的一般敏感性。需要设置的课程主要有：英美概况、英美文学作品欣赏、影视欣赏、商务英语谈判、跨文化交际学、东西方文化实例分析和英美社会文化讲座等。通过这一系列的学习，学生一定能更深层次地了解相关的英美文化和商务文化等内容，并在实践中接触商务英语，提升学生跨文化交际的意识和能力。

（三）改进教学内容与方法

中西文化之间存在巨大差异，而传统的外语教学一直把重点放在语言知识的传授上，忽视了语言使用与文化因素的相互作用和跨文化交际能力的培养。为了改变这种情况，必须改进教学方法。在英语课堂教学中，教师应将跨文化交际技巧的培养放在与语言技巧培养同等重要的位置上。在改进教学方法时，一定要使新的内容与学生所学的语言知识紧密联系，并与语言交际实践紧密结合。在教学过程中，应注意对比中国文化与西方文化的差异，当语言材料中出现文化现象或当文化因素干扰语言教学时，要及时进行文化讲解。文化教学要采取循序渐进的原则，在低年级要以语言教学为主，到高年级应逐渐地将教学重点转移到交际能力的培养上，加强教学中的文化渗透。教师可鼓励学生多看一些课外读物，如关于西方国家历史地理、社会文化、风俗习惯、经济贸易的各类书籍，不断扩大学生的知识视野，使学生更全面地理解别国的文化。此外，还可以举办一些专题讲座，以满足学生的求知欲望，培养出具有较高跨文化交际能力的人才。

1. 完善实践教学模式

实践教学是培养学生跨文化交际能力一个重要环节。积极组织各种跨文化交际实践能锻炼学生各方面的技能，使学生尽早学会如何将知识转换为能力，在实践中解决问题，提升应变能力。在设置本专业的教学计划时，可以将整体教学方案划分为理论教学与实践教学两部分。教师在传授理论知识的同时，要引导学生成为课堂的主动建构者，让学生成为课堂学习的主体，把更多的课堂时间交给学生。比如，学生可以在虚拟课堂中扮演商务文化场景中的某个角色，以真实的商务沟通情景作为参照，体会商务交际中可能遇到的困难；教师应利用校园网络虚拟课堂和虚拟实验室加强学生动口和动手能力的训练；通过师生互动，或者邀请专业人员走进课堂进行示范等多种方式来调动学生的学习积极性；提前布置任务，让学生提前准备，并对学生的表现进行点评。

除此之外，模拟跨国商务谈判是学习商务交际技巧的有效途径，谈判人员所代表的国家或地区的生活习惯、思维方式、信仰、价值观、道德标准与社会舆论等都是不容忽视的细节，跨文化沟通在整个谈判过程中至关重要。模拟跨文化商务谈判对于培养学生谈判的能力、思维的敏锐、语言的说服力、跨文化交流的能力也都非常重要。

2. 案例教学法

案例教学法是由美国哈佛商学院倡导的培养高素质和创新型管理人才的一种特殊的教学方法，有助于培养和鼓励学生主动参与讨论，合作找出解决问题的方法。教师在教学中扮演的不是传统的知识传授者的角色，而是设计者和激励者的角色。在实际的商务英语课堂上，教师可以提供某些真实的国际社会商务案例、贸易案例或跨国商务谈判案例，鼓励学生自己动手查阅相关的专业理论知识，并了解相关的文化差异，提出自己的方案，讨论后就他人的解决手段提出自己的意见，最终找出问题的最佳解决途径，最后由教师做出必要的评价和指导。教师还可以通过向学生展示一些跨文化音像材料来激发学生学习和了解外国文化的兴趣，并要求学生讨论录像内容，分析中西方文化差异。

3. 小组活动

小组活动是 20 世纪 70 年代初在美国教学中兴起并在现今流行的教学策略。小组活动是指在教师的具体指导下，学生 2 ~ 6 人组成合作小组，共同完成学习任务。小组合作学习可以给学生提供机会共同学习、相互讨论。这种模式不仅可以扩大学生的知识领域，更可使他们了解学习的目的和合作的重要性，建立并维护小组成员间的信任。在有问题出现时，也可以进行有效的沟通和交流。

商务英语教学的跨文化交际能力的培养是当前商务英语人才培养的一个重要课题，只有采用灵活多样的教学方法，融文化意识的培养于专业知识的教学当中，才能真正促进学生跨文化交际能力的提高。

（四）对第二课堂的应用

培养英语思维能力，以英语的思维方式学习英语，有利于成功地进行跨文化交际。教师除了在课堂教学中培养学生的英语思维外，还应该鼓励学生积极开展第二课堂活动，比如在课后让学生把自己想说的话写成书面文字，或者经常组织学生到"英语角"练习口语。尽量为学生创造进行英语语言思维活动的条件，提高学生实际运用英语的兴趣与能力，让学生重视英语思维的训练。

除了课堂教学，课下组织丰富的跨文化沟通交流活动对文化知识的学习和跨文化交际能力的培养也有着很大的帮助，教师可以组织专题讲解，请外籍教师对学生进行系统全面的文化与交际能力锻炼，可采用模拟商务谈判的形式，让学生亲自体验中英两种语言文化下体态语言上存在的差别。教师可以在课下活动开展前请学生做好准备工作，在活动过程中采用抢答、做游戏、看无字幕英文电影等形式，缩小学生和英语文化之间的距离，增加学生和英语文化人士交流沟通的机会，提高学生的跨文化交际能力，从而获得更好的商务英语教学效果。

（五）丰富课堂内容和教学形式

教师应改善教学方法，以多种形式将语言知识与商务实践紧密结合，同时重视中西方文化的明显差异。在教学内容的安排与设置上，不能只笼统地介绍各国文化，还要介绍不同的商务文化、职业文化等，建立起培养跨文化交际能力的课程内容网络，使跨文化、商务和交际的各个方面融合在一起。针对教学方式的改进，教师可以通过创设不同国家的、不同行业的商务活动情境，来帮助学生进行相对简单的演练，并根据存在的问题给予指导和纠正。

（六）建立相对完整全面的商务英语专业课程体系

商务英语专业学生跨文化交际能力的培养，应主要围绕三方面来进行，即跨文化思维能力、跨文化适应能力和跨文化沟通能力。为此，学校应建立相对完整的国际商务交际课程体系，比如国际商务谈判、国际商务礼仪、跨文化交际等课程。

商务英语专业人才需求的日渐旺盛与国际商务活动的复杂性给跨文化交际能力的培养提出了新的要求，学生的跨文化交际能力应以语言知识为基础，进行文化背景、商务规则的学习与技能的提升。同时，为改进商务英语专业的教育教学，学校应重视跨文化交际能力的培养，在教学方法和课程内容上不断改善，提升商务英语专业学生的跨文化交际能力，为未来的涉外商务活动提供专业性强、视野开阔、适应能力强的人才。

跨国的商务活动，无论是跨国公司的管理还是跨国公司的营销，从表面看是跨国经济活动，实质上是人与人之间的跨文化合作与交流，跨文化交际的成败将决定跨文化商务活动的成败。因此，在商务英语教学中注意学生实际跨文化交际能力的培养，既有利于让学生在跨文化交流中学习语言、使用语言，又有利于让学生在交流中检验自己的语言并改正，在不断改正中学会正确地使用语言。

三、跨文化交际能力的培养策略

（一）跨文化交际能力培养的局限性

培养跨文化交际能力是商务英语教学的目标已是毋庸置疑的。可是，在我们的实践教学工作中，还存在着一系列无法回避的问题。

第一，以英语为例，由于其广泛性，英语已经成为一种世界性的语言，所以，在教学过程中过度强调英语国家的文化。在跨文化交际中，使用其中一方的母语为交际媒介，并不表明双方的言语行为都要符合那一方文化的语用适当性。在跨文化交际中，不能完全按照使用什么语言来决定言语行为的适当性。跨文化交际应承认差异并容许差异共存，这自然也包括交际双方在运用语言上的差异，如果以交际一方的文化为标准去消除差异，统一双方的语言用法，那么交际的跨文化性质最终很有可能被消除。这样虽然能使相互交往的难度降低，但是会限制跨文化交际中双方实现各自话语潜势的空间。

第二，过于强调学习目的语文化。许多学习者都没能很好地了解和认识自己的母语文化，却对西方历史文化了如指掌，甚至一部分人只是盲从地接受目的语文化的生活方式和世界观，改变其文化认同，这样的想法和做法是不可取的。所以，跨文化交际能力不仅是要获取目的语文化知识和交际技能，对目的语文化深入了解，还应实现两种语言和文化价值系统之间的互动。只有目的语文化与母语文化相互借鉴、相互促进，才能充分发挥学习者自身的潜能。

第三，如何培养跨文化交际能力还需要外语研究者和学习者不断进行深入的研究和探索。在当前的商务英语教学中，文化知识层面的教学还比较单调。在教学模式方面，缺乏启发性的教学方式；课堂教学中，学生处于被动接受的状态，与他们的切身体验缺乏联系。这种教学模式最明显的后果是学生缺乏系统性的文化知识，这将不能满足商务英语教学中文化多样性的需求。

第四，商务英语要求学生能用熟练的英语进行沟通，同时要掌握丰富的国际商务知识；但只有这些也是不够的，也不足以成为合格的商务英语人才。因为日后在工作中会接触来自不同区域、具有不同文化背景的人，文化差异所导致的思想观念、思维方式、行为方式的不同将影响商务活动的顺利开展，增加合作交流的难度，成为商务交际中的障碍。因此，学习和掌握这些文化差异是顺利开展国际商务活动的基础。教师在商务英语教学中应更加注重讲解西方社会文化知识，包括西方人的思维方式、价值理念、行为方式、生活习惯、合作方式等。商务英语教学不仅要讲授英语语言知识，也需使学生了解国际商务环境并注重语言交际能力的培养。不论是外国人还是中国人，对于语言上的语法错误、用词错误、发音不准确是可以接受的，但对于文化方面的错误却难以接受。国际商务活动失败的原因有很多，但缺乏对于文化背景差异的理解无疑是一个重要原因。

第五，传统英语专业注重的是语言能力的培养，而商务英语则是集语言与专业知识于一体的学科，重视实际应用及实践能力。现阶段我国各商务英语专业虽然都开设有口语课，并且通常是外教任教，但题材常常局限于一些生活用语，与商务联系不够紧密，不能体现专业的特点，对于实际专业知识的学生运作能力的培养还很欠缺。不能把英语学习放在真实的商务场景中，在一定程度上直接导致了商务英语专业毕业的学生达不到预期的教学目标，教学效果比较差，不能突出专业性和职业性。

（二）提高跨文化交际能力的策略

首先，我们应该具备跨文化意识，突破语言障碍，了解和认识本民族文化和其他民族文化的特点和差异，尊重其他民族文化，只有这样才能有效地提高跨文化交际的能力。

1. 增强本民族文化意识

诸多的社会因素都会在一定程度上影响个人的价值观念和行为模式，其中，文化是首要的决定因素。在日常的学习和生活中，我们每时每刻都需要对周围的文化进行思考、认识和理解，只有这样才能提高对本民族文化的认识。我们在追寻本民族文化的根源，认识文化如何影响个人的价值观、信仰、习惯和行为的同时，还要认真审视哪些价值观、信仰、行为和习俗是与本民族传统文化相关联的。

2. 认识、理解其他民族文化

首先，可以利用书籍、艺术和现代技术来学习其他民族文化。其次，尊重其他民族文化的同时，还要向其他民族文化的传播者学习，把来自其他民族文化的人视为传播和协调其文化的人，在同他们谈话、交往、工作的过程中学习他们的文化。在双文化或者多文化环境中学习和生活过的朋友、同事和邻居也能提供给我们一些新的其他民族的文化知识。在这样一个学习模式下，我们可以深刻地感受新的信念和习惯，并不断更新自身的观念。参加其他民族的文化活动也是帮助我们理解和欣赏其中所蕴含文化的绝佳方式，亲身体验不同的文化活动，可以使我们对其他民族文化的认识更加深入。最后，掌握其他民族的语言也是学习其文化的有效方法。

（三）商务英语教学与跨文化交际能力的培养

在《文化意识》（*Cultural Awareness*）一书中，英国教育家巴瑞·汤玛琳提出了以下几个文化教学目标：①培养学生理解在文化影响下人们的行为；②培养学生理解人们的言行方式会随着社会因素的不同而有所变化；③增强学生理解目标文化在一般情况下的常规行为；④增强学生理解目的语中词和短语的文化内涵；⑤培养学生用实例评价和完善目标语文化的能力；⑥培养学生获取目标语文化并整理有关信息的能力。

在我们安排商务英语教学相关的课程设置和教学计划时，可以从中得到有益的参考借鉴。

巴瑞·汤玛琳建议：利用所学的语言对其文化加以了解；在任何一节课中，都必须学习文化行为；认识到并不是所有的文化教学都意味着改变自身的行为，仅仅是增强的文化会对自身的行为产生影响。所以，培养跨文化交际能力应该注重研究干扰跨文化交际的文化因素，主要包括语言手段、非语言手段等。

因此，我们应当使学生意识到不同文化背景的人们惯用的言行交际方式，使他们能够了解到不同文化背景下人们的一般行为，并将它们与受自身文化影响的行为相联系，使学生能够加深对自身文化意识的理解，并且能够对不同文化背景的人们的日常生活模式、言语及非言语行为方式以及具体情境的行为原则进行深入了解。

1. 商务英语实践与文化教育

对于商务英语的教学来说，只有通过学生的不断实践，才能完成语言知识和语言技能的教学，学生的主观能动性和参与性在很大程度上决定了教学效果。所以，商务英语教学更强调教师的指导作用。作为课堂教学活动的组织者和实施者，教师应该在最大程度上充分调动学生的主观能动性和参与性，目的是使学生成为课堂教学的真正参与者和合作者。在商务英语教学的实践中，效能兼顾的教学方法可以提供大量的语言知识点和文化着眼点的有效输入，同时营造轻松愉悦的学习氛围和课堂文化环境。在这个基础上，充分调动学生主动学习的积极性，从而引导学生在培养有效学习方法的同时，提高自身学习语言的相关文化知识储备。

必须注意的是，所习得的外语可以用来获取信息，也可用来了解世界各个国家和民族的文化历史、社会习俗、风土人情等方面的知识。更重要的是，在文化素质教育中，绝不能忽视母语的学习，良好的母语能力是学好外语、提高文化素质、培养跨文化交际能力的基础。

2. 正确发挥教材的作用

商务英语学习的教材选择同样是一个不能忽视的方面。一部好的商务英语教材既包含商务英语的语言知识，又包含相应的商务文化背景知识。目前，我国的商务英语教材中的文化内容还存在一定的缺陷，导致学生在跨文化交际能力的培养方面成效甚微。商务英语专业有关跨文化交际能力的课程改革已经迫在眉睫，必须马上进行相关的课程安排，并将改变付诸课堂实践，如此培养出的商务英语毕业生才能够顺应时代和社会发展的需求。

在教学材料的选取方面，教师要注重课堂教材的新颖性和实用性，尽量选取具有鲜明代表性的、案例分析丰富的实用性教材，使学生通过学习了解西方文化，掌握跨文化交际的技巧。同时，教师还可选取一些信息量丰富、能引起学生兴趣的视频材料在课堂上给学生进行展示，这样的教学材料会激发学生的学习兴趣，有助于学生对课堂知识的理解。

在课外，教师要引导学生广泛阅读报纸、杂志和时事评论等材料。这样，学生可以了解到世界各国的商务文化、交际习惯、社交礼仪等。教师还可引导学生观看商务英语和跨文化交际方面的视频材料，这样不但能丰富学生的商务英语语言文化，拓宽视野，而且有助于加深其对商务文化的敏感性，培养商务文化意识。教师应着重引导学生阅读大量英美文学作品，文学作品往往是社会文化的产物，阅读文学作品可以间接地丰富学生的生活体验，使学生掌握更多的文化知识。

授课教师在关注教材内容的同时，也要采用切实可行的教学方法，使书本上静态的语言素材活泼起来，通过事实例句引导学生发现母语和所习得外语的相同点和不同点，认识两种不同语言中隐含的不同文化和价值观念。在这个基础上，让学生自己总结并且真正认识到语言深层的交际是使用得体的语言形式进行的，而不只是语言形式的交流。授课教师要时刻牢记教材是课堂教学的基础，它是为教学服务的。通过教材提供的语言素材，师生采用教、学互动的方式，可以提高课堂知识输入量，帮助学生在有效的时间内吸收国外优秀文化。

3. 课堂上培养学生的自我完善意识

交际能力主要是由语言能力和文化能力组成的。在潜心培养学生文化能力的同时，并不意味着放弃或是放松语言能力的学习。提高语言技能会在一定程度上加深学生对所学语言知识的理解和巩固。在掌握语言技能的过程中，应正确处理准确与流利的关系、阅读与其他技能之间的关系。在进行听、说、读、写、译的技能训练时，应用语言知识的准确性和应用语言技能的流利性通常会产生一定的冲突。准确是流利的基础，流利则是准确的提高，如果没有流利，准确只是空中楼阁，根本谈不上能进行有效的口、笔译交际。从语言的学习规律来看，语言技能的娴熟性直接表现在语言的交际能力上，提高听、说能力是获得语言交际能力的基础。同时，读、写、译是对语言素材深层次的应用和消化，语言知识也一步步地得到巩固。

在语言教授学习的过程中，教师应积极引导学生自己归纳、总结知识，培养学生主动学习的能力，耐心地指导学生怎样在学习过程中通过上下文来记忆和巩固学过的单词。总之，教师应该随时注意培养学生的语言意识、语言学习意识、跨文化交际意识以及主动通过实践获取知识的意识。这样一来，学生在学习商务英语的时候并不仅仅是学习语言，同时也在学习如何学习。一门外语的学习过程也成为一个人获取语言能力、交际能力、文化能力和跨文化交际能力的过程。

外语教学的主要目的是培养学生的交际能力，而不了解所习得语言的文化就不可能真正具备跨文化交际能力。交际能力是商务英语教学中的重点，学生要具备相应的商务交际能力，不仅要掌握相应的语言技巧，还必须对交际对象的语言文化有深入的了解。所以，在培养学生跨文化交际能力的过程中，应该鼓励学生尽可能多地阅读跨文化交际方面的书籍，与来自不同文化背景的人进行交际，不断培养他们的跨文化意识，并不断提高他们对不同文化的敏感性。这样学生不仅可以学习语言，还可以学习文化，从而真正地实现跨文化交际活动。

第三章　商务英语的教学思想及教学原则

第一节　生本教育思想

生本教育倡导教学中以学生为主体，以提升学生的生命价值为本。这一教育思想提出后，学术界对其进行了理论研究和实践探索，在社会上引起了强烈反响。我们在思考生本教育在商务英语教学中所起作用的基础上，追寻生本教育的理论渊源，以期使生本教育思想的本质在商务英语教学中得到真正的落实。

一、生本教育思想的提出

生本教育思想即以学生为中心的思想，最初是由皮亚杰在其儿童中心论中提出的，他指出学生是认知过程中参与学习的主体。皮亚杰认为教育的真正目的并非增加学生的知识，而是设置充满智慧刺激的环境，让学生自行探索，主动学到知识。因此，我们在教育中要注意发挥学生的主体性，不要把知识直接传授给学生，而要向他们展示能够引起他们兴趣的材料，促使学生依靠自己的力量解决学习中的问题。

二、生本教育思想的核心内涵

生本教育思想的核心，即以学生为本。重视学生的需求、目的、兴趣、能力、学习风格，调动学生的主观能动性，让他们有目的地学习和使用语言。教师的任务是组织教学活动，培养学生的应用能力，激励学生的学习积极性。生本的教育思想体现了人文主义的教学法，即将学生的情感、思想、知识和学习内容结合在一起，学生从精神到语言和行为都要全身心地投入。在英语教学过程中，要满足学生的情感要求，打破学生心理屏障，提高他们的自信心。

三、生本教育思想的理论基础

人本主义学习理论是 20 世纪 50 年代末到 60 年代初兴起的一个心理学流派，其代表人物是罗杰斯。罗杰斯认为人类具有天然的学习潜能，但是真正有意义的学习只发生在所学内容具有个人相关性和学习者能主动参与之时，个体在他们自身内部就有巨大资源，如果能提供一定的具有推动作用的心理气氛，那么，这些资源就能被开发。

换句话说，只要有一个良好的学习环境，学生就可以凭借自身的力量，自动、自我地完成学习任务。根据人本主义理论，教师要了解学生的兴趣和爱好，尊重学生在课程内容上的选择权；充分挖掘学生的内在潜能，注重学习者个人的观点，尊重学习者的个性发展要求，强调学习者的个人价值，把促进学习者的全面发展作为教学的最终目标。此外，要转变以教师为中心的教学模式，教师要转换成学生学习的推动者和帮助者。

四、生本教育思想的角色分担

（一）教师角色

在生本教育思想中，教师不只是知识的讲授者，也是"课程的开发者""教育行动的研究者"以及"知识探究的激励者、组织者和指导者"。生本教育虽然强调以学生为本，但这并不意味着教师所扮演的角色不重要，反而更加重要。在英语教学中，教师主要承担设计教学活动、调动学生积极性和热情等任务。教师还要学会倾听学生的诉求，掌握学生内心情感的变化和起伏，帮助学生排忧解难。

（二）学生角色

在生本教育思想中，学生是语言学习的主体，不仅可以自主地参加学习活动，而且应对自己的学习负责，学会由被动学习转为主动学习。学生是教学活动的主体和中心，是学习的自控者和管理者。在英语教学中，教师应当尊重学生和相信学生，让学生有机会表达自己的观点，学生应有展示自我能力和情感的机会。当学生实现自我的需求得到满足时，反而能进一步推动学习的主观能动性和热情。

五、生本教育思想在商务英语教学中的运用

（一）营造活泼的语言环境，开展兴趣教学

英语课堂教学不仅仅传授知识，更是在特定的语言环境中培养学习兴趣和主动性，因此课堂活动设计和课堂环境都十分重要。例如，教师在选择话题时，不能完全局限于教材，而应选择一些具有时尚性、趣味性、常识性和贴近生活的话题，采用多样的教学方法，丰富教学内容，活跃课堂气氛，诱发学生思考、参与。

（二）小组活动

语言学家布龙菲尔德指出，小组活动最主要的价值在于能够通过讨论、会话激发自然的语言活动。多开展小组活动，能帮助学生消除紧张感、拘谨感，做到畅所欲言，更重要的是能给学生提供更多的语言实践机会。例如，对于 50 人左右的教学大班，可以把学生分成 10 个小组，每组 5 人左右，15 分钟的小组活动中每人都有机会发言 3 分钟。这样的小组活动就能解决人数多、时间少的矛盾，高效率地利用了课堂时间，也

能营造一个"大家都来讲英语"的氛围,让学生谈得尽兴,听得过瘾,使课堂变得真实自然。事实上,学生有要开口讲的强烈愿望,但受各种因素,特别是"怕出丑"的心理因素的影响而不敢开口。在小组交谈中,如果学生面对的不是知识和能力处于优势的教师,而是同学,气氛就不会紧张,学生主动进行交流的自信心就会增强。

（三）教师积极地投入师生互动

师生之间的交往活动是教学活动中必不可少的环节,它以促进学生的发展为目的,要求在教学中实现教师教与学生学的统一。在以学生为主体的商务英语课堂教学中,教师是课堂活动的组织者、设计者,是学生学习的诊断者和评判者。教师在组织和引导学生进行语言训练的同时,应始终保持和学生的平等地位,并把自己积极纳入商务英语教学活动中。

在学生讨论时,为了避免有的小组讨论激烈,有的小组冷场,教师要注意学生的搭配,帮助每一个小组完成讨论任务。重要的是,对于学生的错误,教师应讲求方式,注意策略,适时适度纠正。对于那些不影响讨论的错误,没有必要纠正,或可以私下纠正;要善于表扬、鼓励,捕捉学生发言中的闪光点。

另外,在师生互动中,教师也会受到各方面的启发,这对教师自身的发展有重要的意义。教师还要擅长组织一些课堂延伸活动,如英语竞赛、英语角、演讲比赛,通过网络查找各种与课题有关的材料信息等,让学生在课堂之外同样能接触到英语,也为课堂活动的顺利开展打下基础。

（四）完善课堂评价体系

在生本教育思想的指导下,商务英语课堂教学实行形成性评价与终结性评价相结合,教师评价与自我评价相统一。终结性评价主要是区分学生学习结果的优劣程度,形成性评价主要是评价教学过程中存在的问题,促进课堂教学水平的提高,是一种过程评价。学生自我评价不是横向比较,而是纵向比较,比较自己前后各个时间(如学期)不同的学习情况。自我评价有利于学生自己找到自己的问题,主动承担责任,找到解决问题的方法。生本思想理论为商务英语的教学改革开拓了新的领域,也提供了新的理论依据。运用生本教育思想指导商务英语教学,让学生在具有发展空间的学习环境中发挥学习潜能、发展学习天性及提高商务英语的运用能力。

第二节　研究性教学思想

研究性教学是教师以培养学生的研究意识、研究能力和创新能力为目标,从学科领域、课程内容或现实生活中选择和确定专题进行研究,通过教学过程的研究性(教学与研究的有机结合),引导学生进行研究性学习（学习与研究的有机结合）的教学。

一、研究性教学思想的概念

研究性教学思想不把传授知识视为教学的最终目的，而是为学生创造获取知识的优越条件，让学生在知识探究中形成自己的思考、体验和理解，在教学过程中尽心创设一种类似科学研究的教学情境、方法和途径。教师通过指导学生选择和确定与学科相关的问题进行研究性学习，学生在独立的主动探索、思考和实践过程中发展学习兴趣、探究能力、创造个性，真正发现知识的价值与意义，自愿吸收知识、应用知识，解决与学科相关的实际问题，获得新颖的研究经验和教学体验，从而培养创造能力和创新精神，提升综合素质。教师也在持续研究学生的理解程度并与学生合作探究知识的过程中发展教学理论，提升专业知识和专业素养。这就是研究性教学思想的核心，以创造新知为特点，成为研究性教学不同于其他教学法的亮点。

研究性教学思想认为，学生是有学习能力的主体，学生的学习具有选择性、独立性、自觉性和创造性。在研究性教学过程中，教师的重要任务不是传统意义上的知识传授，而是向学生提出与教学内容相关的系列问题，然后组织学生主动地就相关问题查阅资料、收集相关书籍和文章，自主阅读和学习、思考有关问题，最终教师和学生就相关问题进行讨论并掌握有关知识，即用类似于科学研究的方式让学生获取知识、应用知识和解决问题。在研究性教学中，教师和学生的关系不再是教与被教的关系，而是就某研究论题共同研究和探讨的合作关系。

二、研究性教学思想的特点

研究性教学思想及其教学模式具有以下几大特点。

（一）注重问题意识及其思想的系统培养

作为一种以问题为中心的教学思想所形成的教学模式，研究性教学打破了以往僵化的教学理念及其教学模式，教师的教学活动是有针对性地选择教学研究主题，设置教学问题环节，引导学生产生疑问、思考问题、主动探索和得出结论的过程。问题就像一条连续不断的线索贯穿整个教学活动过程。

（二）注重培养学生的参与意识

研究性教学思想倡导培养学生的参与意识。研究性教学模式有别于传统教学模式的一个特点是要求全体参与，教学不再只是教师的事情，更是学生自己的任务；课堂从"单向主导"变为"平等互动"，学生可以及时反馈自己的想法和阐述自己的观点。

（三）注重培养学生的兴趣意识

学生对自己感兴趣的专业或事物往往会热心接触、观察，积极从事有关研究性学习活动，并愿意探索与学科专业相关的科学奥秘。学生的专业兴趣与认识和情感相联系，一般说来，对专业的认识越深刻，热爱的情感越炽烈，专业学习的兴趣也就会越浓厚。

（四）注重对学习过程的跟踪和评价

研究性教学与其他讲授式教学模式的不同之处，还在于其不仅重视学生的学习结果，而且重视学生的学习过程、思维方法和创新意识。研究性教学提倡"在做中学"，让学生在质疑的前提下自主对所学的内容有所选择、判断、解释和运用，最终有所发现和创造。

三、研究性教学思想的形成和实践

（一）中国研究性教学思想的形成和实践

我国古代思想家和教育家孔子最早论述教育问题，认为"学而不思则罔，思而不学则殆"，这句话的主要意思是学习与思考都很重要，即研究性学习，避免只是死读书，却不肯动脑筋思考，或者只是冥思苦想，却不认真读书。这句话表达了孔子"学与思结合"的教学思想，孔子倡导的"学与思结合"已经具有研究性教学的思想特点。孔子之后的中国教育思想家不断弘扬其学思结合、学疑结合的思想，注重培养学生的问题意识和质疑精神。

《说文解字》中有"学，觉悟也""习，鸟数飞也"，其实就是采取形象比喻的方式把学与习结合起来，是带有实践意义的学习。春秋战国后，更多的学者重视学习与思考的结合，如唐代文学家韩愈主张把"学习"和"求新"有机结合起来，在原有学习的基础上求新，达到"抒意立言，自成一家新语"。宋代理学大师张载提出，"在可疑而不疑者，不曾学；学则须疑"。南宋著名思想家和教育家朱熹认为"读书是自家读书，为学是自家为学"，为学要自己下功夫，强调学习的自主性。朱熹强调"读书，始读，未知有疑；其次，则渐渐有疑；中则节节是疑。过了这一番，疑渐渐释，以至融会贯通，都无所疑，方始是学"。可见，朱熹特别重视学生提出的疑难，这里所说的从无疑到有疑、再到解疑的过程，其实是发现问题和解决问题的过程。

由此可见，中国古代教育思想已经明显表现出研究性教学注重主体、注重实践、注重应用和注重创新的特征。现代著名教育家蔡元培认为，大学教学不是"灌输固定知识"的注入式教学，而是引导和启发学生研究学问的教学，他主张"凡大学必有各种科学的研究所"，认为大学应研究高深学问，大学生当以研究学术为天职。在教学方法上，蔡元培重视启发式教学，提倡自我学习和自我研究的方法。这对今天高等学校中研究性学习教学的探索无疑具有重要的借鉴和指导意义。

（二）西方研究性教学思想的形成和实践

18世纪,法国启蒙思想家和教育家卢梭在《爱弥儿》中提出,人天性具有探究的愿望,教育应尊重这一天性,满足儿童的探究愿望。这种在教育中鼓励学生主动发现的思想,类似于今日的研究性教学思想。19世纪初期,德国教育学家威廉·冯·洪堡在柏林创立了第一所集研究和教学为一体的洪堡大学,并主张把研究引入整个教学过程。在威廉·冯·洪堡看来,教学活动的本质就是引导学生去认识真正的世界,这一认识过程必然是一个探索过程,而不只是一个教条的接受过程。

威廉·冯·洪堡将科学研究引入教学的思想以及他在洪堡大学所进行的研究性教学实践为研究性教学思想的产生奠定了理论与实践的基础,其影响深远,意义重大。其后,美国思想家杜威在《民主主义与教育》一书中从理论上论证了科学研究的必要性,并以此为基础创立了"问题教学法"。20世纪初,美国著名教育思想家布鲁纳等提出了"发现教学模式"及其理论,他在《教育过程》一书中提出应重视科学的知识结构,重视发展学生智力、培养学习能力的新教育观,并率先倡导"发现法",即尽可能引导学生自己去发现学习方法。布鲁纳认为,发现是教育儿童的主要手段。20世纪90年代后期,美国博耶研究型大学本科教育委员会的两份报告引发并推动了美国研究性教学的开展。报告中提出要通过课题研究培养学生自己发现问题、自主学习思考、自主进行判断、自主解决问题的素质和能力,规定学生可以选择自己感兴趣和关心的研究课题。该报告发表后,各研究型大学纷纷为本科生参与科研创造条件,真正将本科开展研究性教学付诸实践。之后,欧洲各国和日本也纷纷效仿美国并对研究性教学进行探索与尝试。

四、研究性教学思想在商务英语教学中的运用

2001年教育部颁布的《关于加强高等学校本科教学工作提高教学质量的若干意见》就强调我国高等学校应对研究性教学提起重视,提倡大学教师把自己的科学研究带上讲台,把科研成果体现在具体的教学过程中,使科学研究成果尽早、不断和及时地进入大学教学内容,使教学过程具有探究性和实践性,积极推进研究性教学,提高大学生的创新能力。这标志着以研究性教学为突破口,推动并优化本科教育改革,已经成为国家教育部门对大学教育的新要求。自此,围绕大学研究性教学思想的理论研究和实践探索纷纷在高等学校展开,特别在大学英语教学中被广泛实践和推广,并积累了一定的经验,取得了相当好的教学效果。

实践证明,在商务英语教学中使用各种实践和研究性教学手段有助于提高教学效果以及学生的兴趣和积极性。当然,由于教学条件有限,对于商务英语教学新模式的构建与实践还有待改进和完善,如更多地利用网络平台将更多与商务有关的信息融合在课堂教学中,与本地企业联手,将课堂真正设置到实践业务第一线等。在

探索商务英语教学新模式的道路上，需要学生和教师的积极努力，更需要学校和社会各界的积极配合，只有这样才能真正实现学以致用，才能真正达到培养以社会需求为导向的社会实用型人才。

五、研究性教学思想对商务英语教学改革的影响

（一）创新教学理念

首先，研究性教学要求教师放弃传统的教学观念，充分认识教师角色的转变。教师不仅是课堂的主宰者和知识传播者，更是课堂组织者、问题引导者和论题参与者。这就要求教师有开放意识和开阔视野，把教学知识内容与教学问题有机结合，改变现有教材中答案式的平行叙述，通过某一知识点中包含的一个或几个疑难问题，引导学生自己从多角度思考，寻找解决问题的有效方法。

研究性教学对教师自身素质和专业知识提出更高的要求，只有把基础知识和创造性探讨相结合，把做学问的严谨态度与灵活多样的研究途径相统一，教师在教学活动中才会收放自如，才能更好地应对学生在教学—学习过程中的疑问和困惑。总之，在研究性教学中，师生对问题的研究和探讨不仅被当成一种活动，还应该把它上升为一种思想、原则和态度。教师应立足于原有的知识体系，增强教学的研究性成分，把传统的教学形式改造成为研究性的探讨形式，培养学生的问题意识、研究意识和创新意识。

（二）优化教材体系

传统的大学英语教材是纸质的分册教材，教材的课文、单词、注释和练习内容有限，其规模和编排已经完全不能适应研究性英语学习的要求。因此，英语教学改革必然导致对英语教材的改革。新型的大学英语教材包括了配套的电子或网络教学系统，如果没有这样的网络教学系统，再好的大学英语教材也是没有生命力的。英语的学科特点决定了英语教材必须走向国际化，最原汁原味的英语自然是英语原版的文章和材料，从国际市场寻找最好的精品教材直接引入我国的公共和专业英语教材中，是帮助学生接触地道英语的最好途径。总之，大学英语教学改革必然导致大学英语教材的变化和教材配套资料的变化。在商务英语教学中运用研究性教学方法，要求教材除了基本功能之外，配备形式丰富的音视频材料，同时与最新的商务情景相结合，以供学生在自主学习研究中充分运用教材，发挥教材对研究性学习商务英语的最大功效。

（三）改革教学方法

传统的"一根粉笔、一块黑板和一本书"的教学方式已经不能适应研究性英语教学模式，研究性教学往往会走出课堂教室，进入语言实验室、多媒体实验室、图

书馆、数据库等现代传媒领域。

　　研究性教学活动基本上不会是传输—接受型教学模式，教学内容也不再是对所谓的知识点的讲解，课堂内容可能是对整个内容的思考和探讨。教师将自己某些科学研究课题适当地引入课程教学，实现理论教学和科研实践相结合，不断引发学生对科学研究更深刻的理解，总结科学研究规律，把握学科发展的精髓，更好地传播科学知识，促进和推动教学活动的开展以及教学水平的提高。教师精心设计一些教学问题，循循善诱，左右开导，步步启发，将学生带入设计好的问题情境中，学生通过小组讨论或与教师讨论了解问题的实质、核心和内容。

　　在整个教学环节中，学生看到的学习不再仅是书中的课文，还可能是与课文内容相关的新闻报道、科学实验、科普节目、研究报告、相关评论、情景节目等；学生听到的也不再仅是简单的课文朗读，还可能是总统讲话、名人演讲、诗歌朗诵或影视作品。研究性教学极大地丰富了商务英语课程的教学形式，同时极大地激发了学生的学习热情。这种热情最终会转化为学习动力，使课堂转化为师生互动的课堂，使被动的学习转化为自主学习。

（四）完善考核制度

　　研究性英语教学的意义在于培养具有创新思维和知识全面的高素质人才，原有的以期末考试定成绩的考核评价体系远远不能适用于研究性教学。单一的考试由于题型固定、命题有限、答案单一等因素严重阻碍了学生研究性学习的开放性思维，因此，对考核评价方式的改革势在必行。研究性教学的考核方式应该是多途径、多元化和多角度的成绩和能力的综合评判，具体来讲是课堂讨论、实例分析、数据收集、文献综述、学期论文和任务完成等多方面表现的综合评定。

第三节　商务英语教学的基本原则

　　教学原则是根据教育教学目的，反映教学规律而制定的指导教学工作的基本要求，它既指教师的教，也指学生的学，应贯彻于教学过程的各个方面和始终。教学原则反映了人们对教学活动本质特点和内在规律的认识，是指导教学工作有效进行的指导性原理和行为准则。教学原则在教学活动中正确和灵活的运用，对提高教学质量和教学效率发挥着重要的保障性作用。

　　商务英语综合课程的主要任务是传授英语基础知识和商务基础知识，培养学生的基本语言交际能力和商务操作能力，在不断巩固和丰富学生的语音、语法、词汇、修饰、商务术语等方面知识的基础上，加强熟巧训练，提高学生用英语进行思维的能力，从而获得听、说、读、写、译全面发展的技能。因此，商务英语综合课程也被称作综合实践课，它具有独特的规律和教学原则。深入探讨商务英语综合课程的教学原则将对提高教学质量有很大的益处和帮助。

一、交际法教学原则

前文已述，语言是交际的工具和手段，交际才是学语言的目的。在外语教学中，交际不仅是目的，而且是手段，只有通过大量的有效训练，外语才能成为学生的交际工具。要贯彻执行好交际原则，首先应使学生在英语交际过程中逐渐养成用英语思维的习惯，尽量少用或不用母语思维。英语有着复杂和灵活多变的规则，表达每一句话都要考虑到词性变化、主谓关系、时态一致、语态合适和固定用语使用等。如果学生一直惯用母语思维，然后再将其转换为英语，会严重影响和阻碍交际的实现。

二、以学生为中心的原则

商务英语课程的学生具有如下几方面的特点：第一，专业背景与知识结构呈现多元化；第二，动机明确，积极性高，学习能力强；第三，思维活跃，充满热情，富有创造性；第四，具有一定英语语言基础及应用能力。

总的来说，大多数学生具有自主学习者的特点，对自身学习风格和策略有很好的了解，对学习任务采取积极态度，愿意冒险，既注意形式又注重内容。在教学实践中，充分把握学生特点、了解学生需求是教学实施的前提条件。主讲教师应在课程开始之初通过一定途径采集、分析学生的相关信息，从而使相关教学安排更具有针对性和有效性。

比如，教师可在"介绍课"要求每位学生提交一份英文版的"学生简况"，包括个人（如专业特长、自我评价），家乡（如特色特产、知名企业），课程（如动机、期望、建议）等方面的简要信息。通过对全班学生简况的分析，教师一方面能系统地把握学生的特点与需求，另一方面能初步了解学生的英语水平、意识能力等情况。此外，教师还可将全班学生简况汇编成一套 PPT 随时查询或用于教学活动，这有利于增强教师对学生的了解和师生之间的良性互动。

三、教学内容的选择原则

（一）教学主题成体系

基于商务英语课程教学时间有限，教师无法把教材中所有的单元主题纳入教学，必须有所取舍。以某商务英语教材为例，书中共有 15 个单元，大致可以归为四个方面：1 ~ 2 单元为商务活动准备环节，3 ~ 6 单元为商务活动基本技能，7 ~ 12 单元为国际贸易主要流程环节，13 ~ 15 单元为商务知识补充拓展。因此，在实际教学中比较合理的选择是将 1 ~ 2 单元、7 ~ 12 单元共计 8 个单元作为教学主题，其中 1 ~ 2 单元作为导入单元，7 ~ 12 单元作为主体教学单元，涵盖国际贸易磋商的主要环节与内容，自成一个完整体系，同时凸显课程主要目标。其余的单元可以作为该体系的知识技能补充或拓展，供学生有选择性地进行自学。

（二）教学内容有重点

在确定了教学主题后，教师需要对每一个选定主题里的各部分内容进行选取，分别用于教师课堂教学和学生课外自学。教材单元内容很丰富，包括听、说、读、写、译五大任务以及后续练习和词汇注释拓展等。因此，如果不对内容进行选取和分类，教师、学生在教与学的过程中都会失去重点，甚至无所适从。课堂教学内容选取的重点应围绕课程主要目标，即培养学生进行口头（重点）和书面商务沟通与磋商的能力，所以选取口语任务、阅读任务、写作任务及后续练习中的口语练习部分如角色扮演、演讲陈述作为课堂核心教学内容，同时在前后分别加入单元概述、商务知识技能讲解、单元小结等内容。至于其他内容，可安排学生在规定时间内完成自学和消化。

（三）内容形式显特色

商务英语拓展课程作为大学英语后续课程，应凝练并体现自身特色。具体来说，这个特色可以体现在两个方面：一方面是新增国际贸易专业（方向）的知识与技能，另一方面涉及语言知识和语言技能部分的（课堂）教学内容和形式要与基础阶段的大学英语读写译、视听说课程有较大区别和提升。对每一个教学主题，教师都需要对教学内容和教学形式做到胸有成竹，能提炼出本主题最为核心的商务知识技能、商务英语表达和模拟应用训练。

四、教材的选择原则

教材选用对于本科生课程目标的实现至关重要。商务英语课程的教材选用应遵循以下四个原则：①全面性，即包括国际商务（贸易）主要活动和环节；②多样性，即涵盖语言综合技能训练，突出口语技能培养，练习围绕单元主题内容，模拟现实商务交际情境，形式各异（包括对话、讨论、演讲及角色扮演等）；③实用性，即选题紧扣当今国际商务活动，提供大量真实和实用的语言输入和语言模仿机会，通过商务交际活动，既能掌握语言技能，又能学到商务知识，同时真正提高商务沟通能力；④针对性，即课程内容和语言方面针对中国学生及商务活动特点而设计，并充分考虑教与学的一般因素，力求快捷高效、重点突出且学以致用，配有教学课件和练习答案。

第四章　商务英语的教学实践

第一节　商务英语听力

一、商务英语听力的特点

（一）商务英语听力的总体特点

到目前为止，关于如何帮助大学生克服英语听力障碍、提高其英语听力水平的研究有很多，但大多是研究如何提高普通英语的听力。商务英语教师首先有必要强调普通英语与商务英语究竟有哪些不同以及商务英语的特点到底是什么。根据马克·埃利斯与克里斯汀·约翰逊所著的《商务英语教学》（*Teaching Business English*），商务语言的特点主要体现在以下三个方面。

1. 目的性

相对于普通的日常交流，在特定的商务环境下（如商务会议、电话或商务谈判等），人和人交流的最大特点体现为一定的目的性。商务人员所使用的语言（除了社交性的语言）是交易性质的：得到你想要的以及劝说对方同意你所提出的建议。这种商务语言经常是客观的，而不是主观的或私人性质的。

2. 公式化

国际商务人员经常需要与不认识的人或者了解很少的人打交道，受时间的限制，会谈经常是短暂的，这样就需要一种公式化的语言，使得来自不同母语和文化背景的人们能够很快适应与对方打交道。社交活动经常是高度仪式性的，经常用到公式化的语言（如问候和介绍等）。

3. 商务用语

在商务活动的场合，信息的彼此输送需要最大限度地减少误会，而沟通的时间又是短暂的，因此商务语言需要简短、清晰、有逻辑性，一些特定的商务用语由此产生，用来指代商务人员熟悉的概念，如 parent company（总公司）、CIF、FOB 等。

（二）商务英语听力考试的特点

1. 语音构成复杂，有背景音或杂音

商务英语听力考试英音居多，占整个听力的 80% 左右，有时也会出现美音或其他口音，这就要求考生在平时的训练中培养对英音一定的敏感度。听力形式往往模拟真实的商务场景，比如接打电话的形式，会有一个人声音较轻，不易捕捉，要求考生在听听力的过程中始终保持专注度和注意力高度集中。平时练听力时多注意连读、弱读、重读等现象，同时，多积累并掌握一些常见的英美发音迥异的单词（如schedule、itinerary、garage、leisure、clerk 等）和发音特殊的单词（如 aisle、receipt、coupon、brochure 等）。

2. 商务背景知识（单词和表达）较常见

根据语言学习的规律，背景知识对听力水平有着重要的影响。国内外很多语言学专家在谈到背景知识的作用时普遍认为：在听听力的过程中，考生对听力内容的熟悉程度有时要比其本身的语言水平更重要。因此，要想有效地解答一般听力题，其关键在于平时多关注商务新闻、多阅读外文期刊（如 *Financial Times*、*The Economist*、*Newsweek* 等）、多听 BBC 新闻，反复操练听力，从中熟悉、积累商务背景知识。此外，在平时做题或看书的过程中，多记录商务专业词汇、固定搭配或习语表达，有意识地强化反复记忆，达到一听就能理解的效果。这样备考更有针对性，能够理解并从容应对考试中将会遇到的各种听力素材，从而收到事半功倍的效果。

3. 考点设计的隐蔽性较强，陷阱较多

商务英语听力考试在干扰项设置方面颇费心思，这也就意味着考点设计的隐蔽性较强，有处处挖坑设陷阱之势。一般来说，干扰项的设置原则有：第一，答案置后原则（比如开头提出一些所谓的原因，而将真正的原因放在最后）；第二，原词重现原则（比如说话人会以较快的速度让考生听到一些"提示"，通常是一些只言片语，用来迷惑考生，而这些"提示"中的文字往往直接出现在选项中）。

正确答案和听力原文通常存在同义置换的对应，这就要求考生需具备较高的识别判断和同义置换的能力，即"换一种方式表达或说明同一含义"，而不是简单的原词重现，这是解题的关键所在。

二、商务英语听力的重要性分析

听力是人们语言交际能力的重要方面，据美国保尔·兰金教授统计，"听"占人们日常言语活动的 45%，"说"占 30%，"读"占 16%，"写"仅占 9%。在国际商务中，听说能力非常关键，在商务英语听说能力中，"听"比"说"更重要，原因如下：

第一，在商务英语听、说、读、写四项技能中，读和写的使用频率是最高的，这是基于成本和实用性的考虑。商务活动的沟通大部分是通过邮件或者网上的聊天软件，但是，通过听说能力解决商务问题的效率却是最高的，尤其是在紧急情况下，一个电话的效率可以超过十封邮件。口头的沟通，不管是电话，还是面对面沟通，都掺杂着一定的人性化和感情色彩，比相对疏远冷漠的书面沟通更能消除双方的误会。

第二，在商务领域，所有需要说英语的涉外工作几乎都是服务类工作，主要是应对和处理国外客户的咨询、要求和投诉等，这类工作最重要的是要"懂得倾听"客户的需求，如果工作人员不能听懂客户的要求，客户极有可能转身离去。因为商务活动是基于实际的商务目的与人打交道的，客户不会有耐心去设法提高对方的英语听力水平。这就是为什么有的学生在实习的时候接听外国客户的电话时，由于听不懂，客户就马上挂断了电话。

第三，即使我们说出来的英语句子语法结构有些错误，词汇量也并不丰富，用词并不完全准确，只能用一些笼统、近似的简单单词来表达，但外国人很多时候却能大概猜到我们所要表达的意思，沟通和谈话也能够勉强进行下去。但如果我们听力差，基本上听不懂外国人的意思，那沟通被迫中断的可能性就很大了。

三、商务英语听力主要障碍及提高策略

（一）语法

对长句的理解一直都是商务英语听力的一个难点，这主要取决于学生的语法基础，其次是词汇量。在 BEC（剑桥商务英语）听力考试中，从初级、中级到高级，等级越高，长句越多。长句的理解困难主要是因为从句、插入语、分词短语、介词短语等方面的因素。在商务英语中，以下三个语法点造成了学生听力理解的障碍，需要商务英语教师在课堂上进行针对性的讲解和复习。

第一，关系从句，尤其是省略了关系代词的关系从句，是学生理解的难点。英语从句主要有宾语从句、关系从句、表语从句等，由于宾语从句和表语从句的表达顺序与汉语相似，对学生来说理解难度并不大，难度大一点的是关系从句，因为起修饰作用的从句放在被修饰的先行词后面，与汉语的表达顺序相反，所以容易造成理解上的难度。除此之外，在有关系从句的复杂句中，关系代词和关系副词可以起到提示作用，提醒听者后面引导的是关系从句，对前面的先行词起修饰作用，但由于关系代词在从句中充当宾语可以被省略，往往在英语句子中被省略掉，这就加大了学生辨认从句的难度，不知道后面的部分对前面的先行词起修饰作用，难以分析出句子的结构，造成听力障碍。

例如："Towards the end of that period, I also became a director of a small software company my brother was set up."

第二，插入语的使用打乱了一个句子正常的结构，让学生的惯性思维出现中断，从而增加了听力的难度。

例如："Revealing that you are, for example, up-set by their comments is a crucial error—you will have shown a weakness in your character that others may try to exploit—and may lead to a general lack of support for you."

第三，现在分词短语的使用加大了学生的听力理解难度。英语中有几类短语经常在句子中充当重要成分，比如现在分词短语、过去分词短语和介词短语等。过去分词短语的使用相对比较单一，一般都是作为后置定语放在被修饰的词后面；介词短语因为有介词作为提示，听者比较容易注意到介词短语将要充当一个成分（状语或后置定语等）。相对来说，现在分词短语在听力中难度比较大。首先因为分词短语中的"动词 +ing"形式的语音比较难辨别；其次，现在分词短语可以充当状语（表伴随状态或结果等）和后置定语等，使用类型比较多，其在句子中充当的成分比较难以判断，尤其是在充当后置定语的时候，起修饰作用的现在分词短语放在被修饰词后面，与汉语的习惯相反，这也增加了一定的听力难度。

例如，现在分词短语作后置定语：

"Then I will give an overview of Xerox around the world and finally I'd like to talk about some of the trends affecting our market and its future growth."

现在分词短语被用作伴随状语或结果状语：

"I started working with the staff, showing them how to deal with the customers, a happy customer always returns to the store！"

"We'd forecast eleven million for Italy, but, in fact, they overtook Germany, almost reaching thirteen million, while Greek sales were up by over three million to eight million."

"They ran an advertisement campaign last week, boosting the sales by 15%."

（二）商务词汇

掌握商务词汇是提高商务英语听力的关键，因为商务英语与普通英语最大的区别在于词汇。在普通英语中学过的单词，在商务英语中可能有一种完全不同的意思，比如 stand、range、line、network，这些单词在特定的商务语言环境中有着与普通英语完全不同的意思。学生在学习商务英语之前，在中学阶段或者大学一年级阶段学的基本上是普通英语，在普通英语中积累的单词在商务英语中的意思出现了变异，打破了学生多年的惯性思维，这一类单词需要在商务英语课堂中反复强调，才能产生效果。

另外，商务场合中常用的一些英语简称，如 MD、PR、HR、R&D、OHP 等，经常在国际商务场合出现，会直接影响学生的听力理解。此外，学生还需要积累很多专业商务词汇，如 entrepreneur、productivity、profitability、availability、memo 等。很多商务词汇实际上已经涉及国际贸易、国际商法、国际金融等方面的知识，如 public limited company（PLC）、limited company（LC）、partnership、sole trader、listed company 等，这都需要商务英语教师在课堂中适当插入一些相关商务知识的讲解或复习。

（三）商务知识

与普通英语听力相比，商务英语听力的难度还体现为学生由于缺少商务知识对一些题目无从下手。一般商务英语专业的课程体系中可能会包含国际贸易、国际金融、国际商法等相关课程，但这些相关商务知识真正嵌入英语中的时候，学生还是会产生一定的陌生感和理解难度，商务英语教师有必要在课堂上适当讲解和复习，帮助学生将商务知识与英语真正地有机融合起来。

综上所述，商务英语听力在商务英语教学中起着至关重要的作用，商务英语教师应从语法、商务词汇、商务知识三个主要方面着手来提高学生的商务英语听力理解能力。重视关系从句、插入语、现在分词短语等几个重要语法点的讲解，提高学生的商务词汇量（特别是普通英语中的一些单词在商务英语中的不同含义，商务英语中的简称等），并在课堂上为学生适当穿插讲解或复习一些相关的国际贸易、国际金融、国际商法等方面的商务背景知识。

第二节　商务英语口语

随着我国对外开放力度的加大，中国已经成为名副其实的对外贸易和商务大国，对既熟悉国际商务又熟练掌握英语的高级复合型人才的需求也越来越大。商务英语专业人才口语表达能力是其综合素质的重要组成部分，商务英语口语的训练和学习也越来越受到各个高校的重视。

一、商务英语口语的特点

商务英语与普通英语没有本质的区别，它是为国际商务服务的专门英语，其学科知识涉及营销学、经济学、金融学、会计学、法学和管理学等，其活动涉及对外贸易、技术引进、招商引资、对外劳动承包、商务谈判、经贸合作、银行托收、国际支付与结算、涉外保险、国际旅游、海外投资、国际运输等。

商务英语口语的特点：不以华丽辞藻为追求目标，讲究语言的简洁、客观、准确和严谨。

（一）词汇特点

第一，商务英语口语中的词汇简明易懂、简短达意、语言平实。因为准确有效地表达思想是商务英语交际的重要要求。例如，"现在，此时"用"now"而不用"at this time"；"金额为 5000 美元的汇票"用"a draft for \$5000"而不用"a draft in the amount of \$5000"；"按你方要求"用"as your request"而不用"in accordance with your request"；"考虑"用"think"而不用"conjecture"；"完成"用"finish"而不用"consummate"；"排序"用"rank"而不用"prioritize"等。另外，商务英语口语中的词汇比普通英语口语词汇简单，比如：在普通英语口语中人们常说"at price of \$5"，而在商务英语口语中通常以"at \$5"直接代替，这样表达简单，易于理解，同时节省了时间，有助于人们之间的交流。

第二，商务英语口语中的词汇比较灵活，且常用术语和缩略词。商务英语应用词汇十分广泛，一词多义现象在商务英语口语中显得尤为突出。在不同的语言环境中，同一词语具有不同的含义。例如，"player"一词本义是"比赛者、运动员"，而在商务英语口语中指"竞争对手、参与者、局中人"；"lift"本义是"升高、举起"，在一些商务英语上下文中意思为"取消"。另外，商务英语口语中频繁使用商业术语（commercial terms），这些商务术语言简意明，容易记忆，使用方便，不仅是某个词组的缩写，而且含义丰富，涉及许多边缘学科的知识。例如，工厂交货（EXW），本术语英文为"EX Works（…named place）"，即"工厂交货（……指定地点）"；货交承运人（FCA），本术语英文为"Free Carrier（…named place）"，即"货交承运人（……指定地点）"；成本加运费（CFR 或 C&F），本术语英文为"Cost and Freight（…named port of shipment）"，即"成本加运费（……指定目的港）"；EEC（European Economic Community）欧洲经济共同体；FOB（free on board）离岸价格等。

（二）句法特点

商务英语口语中所使用的句子体现出语言的朴实无华，毫无矫揉造作，且长话短说，避免啰唆，常用简明的现代英语表达。

第一，具有较强的目的性。履行交际任务是商务英语口语表达的职责。在商务会议、商务谈判、打电话和讨论等情景中，从业人员所使用的英语都要为交易目的服务，劝他人按照自己的意见行事，得到自己想要的东西。因此，所用的句子精练，客观性强。例如，"The purpose of my coming here is to inquire about possibilities of establishing rade relations with your company."（我此行的目的正是想探寻与贵公司建立贸易关系的可能性。）这就开门见山，直截了当地说出自己的目的。

第二，句子精练，表达有效，逻辑性强。商务交往中要用明白通畅、语义连贯、逻辑合理的语言准确地把信息传达给对方。数据要求准确，术语使用应恰当，还要节省时间。例如，表示衷心的感谢用"Thank you for…"，而不用"Express my heart felt gratitude to you for…"商务交往中还经常使用表示逻辑关系的词语，例如，as result、for this reason 等。

二、商务英语口语课堂的局限性

（一）教学内容方面

商务英语涉及的范围比外贸英语所涉及的范围广得多，涵盖了金融、营销、管理、旅游、物流、国际贸易、财务、项目合作与开发、跨文化管理等许多方面，而外贸只是其中的一部分。但是，现在许多商务英语课堂上商务英语口语所授的内容依然只是外贸英语会话，只重视把对外贸易业务流程的各主要环节作为会话的主题，在此基础上做情景对话的操练，这样就将商务英语口语片面化了。

（二）教材方面

缺乏完善、系统、适用的教材。商务英语口语教材数量多但质量参差不齐，实际应用中存在许多问题。现有的教材均强调商务知识的系统性，按照商务活动顺序编排课文，每篇范文和活动练习在形式上均相似，只是内容不同而已。这就忽视了学生口语交际能力发展的规律，无法与商务英语口语学习的规律性相吻合。

（三）教师经验方面

教师普遍缺乏实践经验。一方面，多数院校的商务英语口语教师没有在企业工作的相关经验，缺乏商务实践经验，无法做到学用结合；另一方面，现实的教学工作使教师没有时间和条件去企业实践，仅靠自身力量解决理论和实践结合的问题，对于商务英语口语教师来说有一定的困难。

（四）学生学习方面

学生缺乏必要的商务背景知识。现在大多数院校仍然采用传统的以教师为中心的教学模式，忽视了学生主动性的发挥。这导致了学生所学的商务知识非常有限，无法理解商务活动口语交流中所需的大量专业术语和概念。

（五）文化环境方面

缺乏跨文化交际能力培养。跨文化人际交流的成败决定了国际商务活动的成功与否。但是，在商务英语教学中许多英语教师只重视语言知识和技能的培养，而忽略了文化的介入，使语言与文化脱节。所以，要完成某一门语言交际能力培养，就不可避免地要对使用这种语言的国家文化进行了解与学习，因为语言与文化是密不可分的。

三、商务英语口语能力的提高策略

随着我国经济的迅速发展，与外商交流谈判变得日益频繁，商务英语口语在商务交流和谈判中发挥着非常重要的作用。商务英语口语的教学目标就是提高学生口语表达能力，具体策略有以下几点。

（一）注重语境对口语表达的重要性

语境是语言出于交际的目的在具体使用时所处的环境，有人、时、地等因素的差异。语言总是在一定的交际环境中进行的，因此为学生在英语口语教学中创设语境具有非常重要的意义。语境的创设应有利于激发学生的学习兴趣，使学生积极主动地去求知；有利于突破教学的难点，突出重点，启示学习方法；有利于激励学生去获取知识、发展能力、启迪思维。

第一，趣味性原则。兴趣是最好的老师，缺乏趣味的课堂教学是死板的，是没有活力的，难以调动学生的积极性。商务英语口语课的特点决定了在课堂中必须加入趣味性的元素来刺激学生开口说英语的欲望。

第二，实效性原则。语境的创设应符合教学的需要，作为教育教学的一种辅助手段，我们在注重趣味性的同时更要关注它的实效性。英语教学的目的是让学生学会交际，因此，教学中教师要尽可能创造出适当的语境，多组织学生边学边动，做到"学中有动""动中有学"，让学生用眼观察，用口交际，用脑思维。商务英语中的语境创设应该符合教学内容，贴近事实，尽量把书本知识和现实商务活动结合到一起去，做到现实和书本的结合。

第三，创新性原则。教材不过是个载体，我们不仅要关注教材上的内容，也要根据教材内容和特点，创设创造性思维情景，设计开放性教学内容或问题，采用开放式教学方法，开放学生的思维空间，让学生在情景中产生各种疑问和猜想，拓展思维。

（二）将文化教学融入课堂教学活动，培养跨文化交际能力

随着我国加入 WTO，我国的国际经济贸易地位日益上升，国际商务交往更加频繁。国际商务活动的实质就是人与人之间的跨文化合作与交流。商务英语专业的培养目标是培养具有扎实的英语语言基础和较强的口语交际能力的应用型人才。教师除传授必要的语言和专业知识外，还应培养学生的社会文化能力，让他们深刻理解中西文化传统的差异。文化导入应遵循实用性原则和适度性原则，要求导入的文化内容必须与学生所学的教材内容密切相关，文化教学必须紧密结合教学实际，从而激发学生学习语言和文化的兴趣。教学过程中，教师应从培养学生交际能力这个目的出发，进行文化教学。

此外，还需要增加与商务相关的知识学习。商务活动交际的范围很广，这就需要学生加强商科类、经济类、管理类知识的学习；同时还要注重其他知识的学习，如政治、经济、文化、历史、传统风俗等，可以通过报刊、电视、网络等媒体获得大量的信息，拓宽视野。

（三）注重资源整合，提高教学质量

第一，多媒体网络教学给商务英语课堂提供了更加广阔的空间。多媒体教学软

件集图、文、声、像于一身，能极大调动学生学习的积极性和协作能力。网络上丰富的文化学习资源，虚拟的商务活动社区，有助于学生进行跨文化能力的个性化培养。教师应充分发挥这一新型教学模式的潜在优势，指导学生学习。

第二，商务英语专业是跨学科的复合型专业。该专业培养的人才既要有扎实的英语基础，又必须掌握丰富的商务知识。商务知识所涉及的内容丰富且复杂，从贸易流程的微观方面来看，包括寻盘、报价、回盘、实盘、合同签署、信用证开立、付款、运输、保险、申诉和索赔等环节；从宏观来看，还包括贸易实体的内部管理行为和外部事宜的安排处理方法，这中间的每一环节都对交易的成败起着重要作用。商务英语口语作为以提高学生在国际商务情景中表达能力和沟通能力为目标的一门主要课程，其教学需实现英语技能提高和商务知识积累间的密切配合。

第三，与商务英语视听课程的整合。其一，语音训练要贯穿学习的始终。流利、标准的发音不仅能使从业人员在商务活动中将信息准确地表达，同时还能让对方产生一种敬慕之情，为更好地进行商务交往奠定基础。所以，从大学一年级起就要学习英语的发音规则，训练自身英语的语音语调，且这项训练要贯穿在整个本科学习阶段。其二，练好语言基本功。商务英语也是英语，很多同学选择了商务英语后就不重视语言的基本功训练，以致在说话时句子结构经常出现错误，词汇也贫乏，所以还要注重语法和词汇的学习。对于学习商务英语的同学来说，要多背诵商务英语词汇，还要注重普通词汇在商务英语中的特殊意义。所以，学习者要熟练各种语法规则，不断扩大商务英语词汇量。

语言学习理论表明，语言输出建立在大量语言输入的基础上，输入语言的量是提高英语口语水平的重要指标。商务英语视听课程应为商务英语口语提供最专业、最对口、最直接的语言输入语料。

第三节　商务英语阅读

一、商务英语阅读的特点

（一）语言特点

1.专业词汇丰富

商务英语是商务文化群体中所特有的一种英语，是现代英语的一种功能变体，在词汇方面的显著特点就是专业名词和专业术语多，而且许多常用词被赋予特殊的含义。例如，interest 指的是"利息"，而不是"兴趣爱好"；promotion 指的是"促销"，而不是"提升、升职"；trust 指的是"信托"，而不是"信任"；pool 指的是"合伙使用的钱（物品、人力等）"，而不是指"水池"。

另外，在词汇方面还有一个特点是，存在很多约定俗成的缩略语，这是由商务交往中省时省力的实际需要所决定的。例如，IOU——借据，全称为：I owe you（money）；PLC——股票上市公司，全称为：public limited company；SWOT——一种对公司或个人情况分析的报告，全称为：strengths，weaknesses，opportunities，threats。

2. 特定的格式规范以及语言表达方式

商务英语文章都有固定的一些行文格式，一般都是先对评论事件的背景进行简单介绍，然后再提出一些观点，最后再对观点进行评论，并加上对事件意义的阐述。

3. 观点词语突出性

商务英语文章里面存在一个非常突出的特点，就是存在很多表示态度、观点、主张以及立场的词汇，这些词汇一般就是作者想要进行传达的重要信息。比较常见的词包括 point、concern、attitude、believe、claim 等，以及 consequent、effect、outcome、solution 等部分表示结果的词。

（二）专业背景知识丰富，题材广泛，涉及面广

商务英语文章通常结合了某种行业或工作的特定内容和商务环境下的与一般交际能力相关的内容。商务环境是一个大范畴的词语，涉及行业包括金融、信息、财经、企业管理、国际贸易、电子商务等一切有商务活动参与的领域。传统的语言教学取材多来自文学方面，虽也有涉及其他方面如经济、金融等，但就商务英语专业的要求而言，不够系统全面，专业度也不够深，无法达到商务英语的教学要求。商务英语通常涉及面较广，一些文章可能会涉及经济贸易、市场营销、金融财务，甚至还有法律等知识。因此，这是学生提高商务英语阅读能力的一个难点。

（三）文体多样，篇章结构合理

商务英语文章有商务合同、商务报告、商务信函以及商务评论等类型，而每类商务英语文章都有自己的行文特点，一般以应用型议论文、说明文为主。议论文、说明文与文学作品相比，语言简明，辞藻较少，但是其句子偏长，结构比较松散，长句、难句常常出现在篇章中。在语篇方面，其特点是结构逻辑合理，意义连贯。所谓逻辑合理包括句子结构合理、段落安排合理、语篇思维合理。所谓意义连贯，包括句与句之间语义连贯、段与段之间内容连贯、上下文之间思路连贯。商务英语文章通常遵守先综合后分析的语篇思维模式。

篇章结构逻辑的合理性。因为商务英语文章的逻辑性很好，条理也非常清晰，所以会使用连词、介词、副词等来表达时间、人物的变化以及一些内在联系，如 though、furthermore、while、but、although、hence 等词。

（四）时事结合性强，信息量大

商务知识必须结合当前的经济形势和经济事件及时更新，因此更新速度快，信息量大。教材的语言材料主要选自当代英美报纸杂志及某些商务专著。

二、商务英语阅读教学

随着经济全球化的发展，我国在走向世界舞台的同时催生了对国际商务人才的大量需求，商务英语专业应时而生，并且成了热门专业，对商务英语的教学讨论也成了人们关注的焦点。阅读是语言教学中的一个重点，是学生输入知识的主要手段，阅读教学是值得我们探讨的话题。

（一）商务英语阅读的教学目标

商务英语阅读的教学目标是使学生在英语语境中比较系统地学习商务领域专业知识的同时，又使学生通过专业知识的获取强化商务英语技能，最终达到能够用英语进行有效商务交际的目标。

商务英语阅读教学，一是阅读教学，即教师指导学生掌握各种阅读技能，从而逐步提高理解能力和阅读速度，在增进语感的基础上提高实际运用语言的能力；二是商务知识教学，即以语言为载体，以阅读为手段，把核心的商务内容放在其中，通过引导学生阅读商务文体的语篇实现其对商务知识的掌握，以满足在不同商务环境下的交际需要。

（二）商务英语阅读的传统教学模式

商务英语教学的原则是"能力为本"。商务英语的教学目的就是培养学生用英语从事商务活动的这一能力，不但要培养学生的语言能力而且需要培养学生的实际交际能力；因此，在培养学生运用商务英语能力的同时，需要着重培养他们的阅读能力。

传统的英语阅读教学侧重于语言现象的分析和语法难点的解释，教师在授课的时候把很多精力都放在对课文进行逐句解释方面。这种教学方法能够加强学生对语言知识的掌握，但也存在自身的一些缺陷：一方面会导致学生对语篇失去整体的理解，无法领会文章的中心和主题；另一方面，学生无法更快地参与到课堂教学的活动中，以致不容易培养其语言能力和交际能力。很多学生因为基础比较薄弱，加之商务英语阅读材料内容比较枯燥，传统的教学方法无法充分调动学生的学习主动性，从而无法达到好的教学效果。

（三）商务英语阅读的教学法改革

商务英语是商务与英语的有机融合，商务英语中语言与业务之间的关系绝非并重关系，而是主从关系。在语言教学与商务知识教学的融合中，课程改革的两条线路还是应该有主次之分的，以语言功能的培养为主，商务知识为辅，对语言教学与商务知识教学进行有机结合。

1. 教材的改变

在原有教材的基础上增加具有丰富商务知识的阅读素材。因为原有教材着重于介绍各种阅读技巧，并有针对性地组织阅读任务来训练学生的阅读技能。但是对于商务英语专业的实际教学需要而言，这套教材的局限在于不能够满足本专业学生对商务知识的渴求。商务阅读材料的增加，正好填补了这项缺陷。

2. 教学模式的改变

教材的改变直接影响了教学模式，采取两套教材相结合的方法，分为三个阶段：课前准备、课上分析总结和课后练习。

（1）课前准备

学生课前预习商务材料，就单元主题查找资料，了解相关背景知识，对词汇进行分类整理。上课之前的自学过程，目的在于培养学生的自主学习能力，鼓励学生通过多种途径去理解阅读内容，掌握相关的商务专业知识。这一环节可提高学生学习的关联性与学习动力，激发他们的学习兴趣。在查找资料的过程中找问题，理清脉络，记下尚未理解的内容，也为课堂讲解奠定基础。

（2）课上分析总结

课堂活动主要解决两个问题：第一，教师首先检查预习任务完成情况，对学生的学习思路和收获进行归纳、总结，帮助学生对所学知识形成一个整体概念。在这部分中，背景知识的导入是关键。第二，学习阅读技能知识，并当堂进行阅读速度和阅读质量训练，分析长句、难句，帮助学生理解语言难点，掌握拆解长句、难句的方法。需要补充说明的一点是，由于课时、学生精力有限，教师应对两套教材中相类似的训练内容进行删减整合，既取两家之长，又避免重复内容的训练对学生造成压力和负担。

（3）课后练习

扩展知识面不仅要阅读大量的商务英语文章，还要经常参阅一些英汉对照版的经济类书籍，这样能更充分地理解专业性比较强的商务英语文章。课后练习与课堂学习同样重要，教师要引导学生开展课后自主拓展学习，让学生熟悉商务领域最新发展动态。

第四节　商务英语写作

一、商务英语写作概述

商务英语写作是商务工作的有力帮手，是从事经济活动以及相关人员必须掌握的一种工具。这种专门的写作需要写作者具有专门的知识和基本的商务知识，要在文章中体现专业性和特殊性，往往会融合较多经济学相关知识，统计数据和经济术语。此外，文章还要具备规范性，不同的文章体裁和形式要采用不同的写作方法，例如，经济评论的文章要采用议论文的体裁，而说明书则应采用说明文。

（一）商务英语写作的主要形式

第一，便签，也就是留言条。便签的使用范围主要是朋友、同事以及熟悉的人之间，因而便签的书写和格式以及措辞都比较随意，句子结构简单，只要将事情交代明白即可，其写作用语特点是简明扼要，可以出现省略现象，一般由称呼、内容、签名以及日期等组成。

第二，备忘录。备忘录是一种用来备忘的公文，使用范围主要是公司内部，不可用于企业之间的交流，主要用于信息的传递和工作程序的说明。备忘录中的内容一般是需要迅速处理的事情，随用随写，并不是正式的文函。写作用语特点是简洁清楚、口语化、语气坚定；格式固定，由接收人、发出人、主题、日期以及具体内容组成。一份备忘录一般仅陈述一个主题。

第三，商务信函。商务信函是商务英语写作中最常见的形式之一，其格式基本上与一般英文书信相同，但比一般书信正式。商务信函主要由信头、地址、称呼和正文等构成，一般来说用语较为正式，信尾的祝词要用"Yours sincerely""Yours truly"等作为结束。

第四，商务报告。商务报告是商务交流和商务活动中一种重要的交流形式，适用范围是向上级机关报告工作等，主要包括工作报告、建议、报送文件等；用语特点是准确、清楚以及有效陈述。

（二）商务英语写作的原则

首先是完整性原则。在商务英语的写作中要求内容全面完整，例如，写一份装船的通知就要将船的名字、装运日期以及合同号、港口、件数等信息全部写出，保证文章的完整性。其次是准确具体原则。例如，"The firm is one of our big buyers." 这句话如果用来回复对于这家企业的资信情况的调查就显得不够具体，因为大到什么程度并没有表述出来，而如果用 "The firm placed 180000 dollars of business with us." 就显得具体多了。此外，用语要清楚明了，尽量不使用容易产生歧义的词语，句子之间要紧凑。最后是礼貌原则，也就是要从客户的角度来考虑问题，理解客户的要求，不可使用命令语气，不能使用容易产生误会的轻视或者冒犯的词语。例如，"We regret to learn your letter of June 3rd that the goods you ordered on January 6th have not yet arrived." 这样的表述就是符合礼貌原则的，客户也会感到被尊重。

二、商务英语写作的特点

（一）用词准确、专业

在商务英语写作中如果有一个词或者是句子意义不够明确，就很有可能会给企业带来损失，而且许多内容都具有合同性质，所以，商务英语写作的用词具有准确、具体、专业的特点，要求写作者使用准确、专业的词语帮助客户了解详情。要避免使用意义模糊或者具有象征意义的词语，以免引起误解。要保证信息传递方和信息接收方在词义上的理解相同，否则沟通就不会有太大的效果；还要注意词语的感情色彩，要引起读者的共鸣。作者要明确写作的意图，要有清晰的思路。例如，在表达买家具时不能笼统地使用 "furniture"，而应该用具体的 "table" "chair" 等；在广告文案中要使用 "inexpensive" 或者 "reasonable" 来表达价格，而不用 "cheap"；在称呼别人的职位时，"sales person" 和 "sales representative" 在感情色彩上也是有差别的，虽然所表达的意思是一样，但是后者给人一种地位较高的感觉。

（二）造句简洁，段落清晰完整

商务英语的写作和记叙文不同，不需要通过华丽的辞藻来增强效果，过多的词汇只会带来负面的效果，因此商务英语写作用词应简洁易懂，摒弃一切多余的修饰性用语。为了使句子更加简明，尽量用句组而不用从句，能用单词进行表达的就不用词组。例如，"import" 和 "attach importance to" 的意思是一样的，但是为了表达得简洁一些，就选择单词而不是词组。段落的清晰完整就是要使文章的结构完整，包括首段、发展段以及结尾段等，且段落之间和句子之间要连贯、有逻辑，正确使用连接词及词组。

（三）用语简明，行文果断

简明就是要在商务英语写作中删去重复表意的词语，例如，"The company was founded in the year of 1899." 这句中的 1899 本就是指年份，"the year of" 就显得有点多余，应该删去；再如 "They have developed a new and original product." 中，"new" 和 "original" 这两个词语的意义是相近的，所以只要用一个词就可以了。行文果断是指语言坦率、态度清晰，不模棱两可，以免影响行文力度，让客户感受到写作者想要表达的内容以及态度、情感，准确地表达信息。如果出现 "It seems that you have forgotten to…" 这样的句子就会显得不够果断，应该避免这样的句子出现。

（四）突出积极因素

商务英语写作强调用语用词突出积极意义，因为积极意义更加能够引起读者的阅读兴趣，从而更容易获得认同，所以要避免消极的表达方式。在单词中，要尽量不使用否定副词和带否定意义的前后缀的派生词汇，例如，disapprove、careless 等，而像 "If you have further questions, feel free to call me." 这样的句子就容易让人感受到积极的色彩，效果也会更好。此外，对于本身无消极色彩的单词有时如果使用不当也可能会产生消极色彩，所以在写作时要格外注意。

同时，在进行商务英语写作时还要注意从正面的角度来表达，因为对同一种现象，站在不同的角度就会有不同的看法，而积极的表达往往更加容易被读者所接受。如果在商务英语写作中不得不表述消极的信息，那么就要对这些消极的信息加上合理且可接受的解释，避免读者产生排斥心理，要让读者信服从而弱化信息本身的消极色彩。

（五）特定的语言特点

由于商务活动丰富多样又时常变动，所以为了保证活动的参与者能够在语言的使用和理解上具有规范性和一致性，一些商务活动的写作所使用的语言在长期的实践和探讨中逐渐显现出其特有的语言特色，这些商务写作强调用词规范化，使用专业术语和专门的商务词汇，语言具有条理性和逻辑性，按照惯用的写作方法和模式进行写作。

（六）扣紧主题，准确表达

在进行商务英语写作时，写作者不可以将虚假或者是证据不足的信息表述在文章中。商务工作者每天都会处理大量的信息，而那些没有实际意义又与主题无关的信息只会加大商务工作者的工作量，造成不必要的负担，所以写作时紧扣主题，围绕主题来进行必要的阐述和说明是十分重要的。言简意赅才能够使商务活动者有效接收信息。

但是，有的商务英语写作者在进行信函写作时往往会在开篇介绍一些可有可无的信息，无法直接进入主题。例如，在写商务开发信函时，有些写作者会利用很大的篇幅来介绍自己公司的位置、规模等信息，这样就可能会引起阅读者的反感，而不愿意再读下去，达不到预期的商务写作效果。正确的写法是围绕公司的产品展开介绍，让对方尽快了解到合作的价值和意义所在，而公司的情况简单介绍即可。

（七）标题的使用合理、准确、统一

商务英语写作中的标题一般分为主题性标题和主旨性标题两类，主题性标题是

用于提及某个主题，而主旨性标题则是为了将主题的内容及含义用精练的语言表述出来。因为主题性标题有其自身的缺点，所以为了方便读者的阅读一般选择采用主旨性标题。此外，主标题下面的副标题要与标题保持紧密的联系，结构要统一。

三、商务英语写作教学

（一）商务英语写作教学的特点

商务英语课程是融商务知识与英语于一体的实用英语课程，其教学是围绕着特定的目的和内容进行的。如同其他 ESP 课程，商务英语写作同样具有三个教学特点：①真实语料；②以目的为导向；③以自我学习为中心。

选择真实交际语料为教材是 ESP 各门课程的共同点。因此，在教学中，必须有目标语境所要求的商务交际活动。要开展这些活动，教师须提供充足的资料，也可调动学生利用各种资源收集有关信息和资料。学生收集资料的过程本身就是学习真实语料的过程，同时也是能力的培养过程。这种目标明确的活动更容易激发学生的积极性。

商务英语写作强调语言的输出，重视语言交际能力的培养，其表现形式是以学生为中心，以任务或活动为途径，沿着开放式的路径达到既定的目标。在输入一定的语言知识和商务知识之外，强调和注重以意义为中心的活动。师生关系应是交互、合作、协商的关系，师生共同置身于语言交际的教学环境，让学生在教与学的过程中通过各种现实的商务工作，学会运用语言处理日常商务的方法，最终培养和提高学生的语言能力、交际能力和工作能力。商务英语写作的教学目标是既使学生在英语语境中系统地学习商务领域的专业知识，又使学生通过专业知识的获取，强化商务英语技能，掌握该领域的英语术语和语言特点，并且能够用英语有效地进行商务沟通。

（二）商务英语写作教学的实践

在商务英语写作课程中经常出现的问题是：学生对这类语言的交际知之甚少，缺乏专业知识、实践经验以及对商务英语语言特点的了解，不能用习惯的语言和有效的交际策略处理商务中出现的问题。这也就导致学生就写作而写作，死记硬背课文和句子，写出的东西往往不能解决实际的问题。针对课程的特点和学生的问题，我们在教学实践中采用一种解决问题和做出决策的教学方法。

创设现实商务情景，将语言学习、专业知识学习、专业技能的培养有机结合起来。在活动过程中，学生从提供的材料中发现问题、解决问题、分析交流，从未知到已知，由不掌握到掌握，并在这一过程中培养了学生的独立探究能力，提高了实际操作能力和解决问题的能力。

主要步骤如下：①根据课程设计要求，确定教学目的；②创设有助于达到教学目的的问题情景，为学生提供阅读语料供其探求和学习；③商务基础知识铺垫，介绍或学习商务背景知识、专业术语和商务英语知识；④学生在教师的指导和启发下自主进行探究；⑤从确定和分析问题开始，最终解决问题和做出决策；⑥交流和讲评。

（三）商务英语写作教学的模式

第一，教师提出问题，创造问题情境，提示问题的解决途径，提供必需的专业知识，从而激发学生去研究和解决问题。比如，我国某外贸公司与国外某公司初次进行业务往来，对方订购的是服装，支付方式为不可撤销的信用证，交货期为某年5月20日。按照合同规定，信用证必须在交货期前一个月开到。但是规定时间已到，卖方仍未收到有关信用证，卖方应该如何处理？经卖方督促，信用证开到，卖方如何审核信用证？审核后发现对方银行开来的信用证多处与合同不符，卖方应当如何处理？如何致函买方？

第二，学生学习有关信用证及审核的基本知识和商务信函写作原则。学生通过阅读所提供的语料加深有关合同和信用证方面的专业知识以及这类商务书信格式和写作特点，并通过分析了解写作技能、沟通原则和交际策略。

第三，学生根据真实合同写一封催开信用证的书信，完成之后在学生之间互阅和讨论。然后，根据该合同审核相应的信用证，找出其中的问题，并就这些问题展开讨论，寻求处理方法。在此基础上致函开证人修改信用证。最后将书信在全班进行交流和讲评。

课堂教学大致可按照以上模式进行。首先让学生阅读和分析要求掌握的商务英语体式和有关的商务知识，然后根据要求开展问题讨论，最后进行交流、分析和讲评。第三步的重要性在于，成功的商务信函意味着能够预测和处理信函，即有效地解决问题。通过让别人细读、讨论和讲评自己所写信函，书写者才能意识到自己所写的信函会产生何种效果，是否真正达到沟通目的，并在此基础上进一步完善。

以上教学模式对教师的要求更高，教师不仅要熟悉商务英语，具有较广泛的商务专业知识，而且需要有丰富的相关经验，具有分析问题、解决问题的能力，能够引导学生对问题进行分析。教材的组织也是一个非常重要的方面，是保证教学成功的重要前提。按照课程设计的要求，从现实和实用角度出发，往往难以找到现成的完整教材，这就需要教师准备大量真实的语料作为范例供学生阅读、分析和练习。课堂的教学活动以学习分析和语言活动（商务英语写作）为基础，围绕提出的框架进行分析，采用解决问题的教学方法。课程适当与否取决于语言活动中的语言分析是否适当，还要考虑教与学环境的一般因素。

四、商务英语写作的提高策略

（一）加强英语基础知识和技能的训练

要想提高英文写作能力，必要的英语基础知识和基本的语言技能是十分重要的。作为商务英语专业的学生，必须具备一定的词汇量，要养成积累词汇的学习习惯，特别是和商务领域相关的一些专业词汇。另外，英语听、说、读、写各个方面语言能力的提高是相辅相成的，不能单独强化某一方面的能力，在平时的学习中，应该注意语言综合能力的培养和提高。培养良好的英文阅读习惯，提高阅读速度和阅读理解能力。广泛阅读可以扩充知识面，培养语感和良好的写作思维，对提高写作能力大有益处。加强商务英语方面文章的阅读训练，对提高写作能力也会起到促进作用。

（二）了解商务英语文体的特点，注意交际文化和礼貌

要提高商务英语写作水平，除了要有扎实的英语基本功，还要对商务英语文体特点有充分的认识，准确地区别不同体裁商务英语的风格特点，从而写出满足不同商务目的要求的商务文件。不同的商务环境相对应的商务活动也是不相同的，要了解商务英语语言的共同特点、风格、语篇结构，并且清楚地认识在不同商务活动中商务英语写作的具体特点和要求。

在进行商务英语写作之前应该考虑写作的文体和对象，确定写作的基调和思路，还要注意对不同写作对象的礼貌用语、用词分寸的把握等。首先要考虑的是写作的目的，如通知、请求、说服、存档等；其次，要考虑是写给什么人，如客户、上级、同事、下属等；最后，确定写作的文体，如计划、建议报告、商务函件、备忘录、电子邮件等。除此之外，还要注意写作的字数要求以及形式和结构，从而确定文章的结构和叙述顺序。

英文邮件和信件的写作格式同中文信件写作有很多不同的地方，比如称呼的问题，如果是朋友之间，开头就比较随意，可以用"Hey"，但如果对方是商务合作伙伴，用这样的方式就显得过于随便而不够礼貌，但是使用"Dear Sir"又显得过于刻板，不妨使用"Dear Mr. /Mrs…"这样的形式，往往容易给对方以好感。

在信件结尾的时候，可以运用一些固定化的句式来表达希望对方尽快回信和给出建议，例如，"Look forward to your feed backs and suggestions soon."（期待您的反馈建议！）"Thank you and look forward to having your opinion on the estimation and schedule."（谢谢你，希望能听到更多你对评估和日程计划的建议。）"What is your opinion on the schedule and next steps we proposed?"（你对计划方面有什么想法？下一步我们应该怎么做？）"Shall you have any problem accessing the folders, please let me know."（如果存取文件有任何问题请和我联系。）

（三）经常进行写作练习，收集写作素材

要想提高商务英语的写作能力，唯一有效的途径就是勤写多练，只有经常练笔，才能培养良好的写作习惯和清晰的思路，思维能力也会提高。同时，在长期的写作练习中，可以总结许多经验，积累写作的素材，比如积累一些有用的词汇、句型、名言警句等，通过反复的写作训练，把各种写作素材得体地运用到文章写作中。特别是一些应用文的写作，熟练掌握写作的基本模式之后，可以极大地提高写作的质量，提高工作效率。适当引用一些名言警句，对提高文章的质量也有一定的帮助。平时可以积累一些名言警句，例如，"Look before you leap."（三思而后行）；"Love me, love my dog."（爱屋及乌）；"One man's meat may be another man's poison."（兴趣爱好因人而异）；"Practice makes perfect."（熟能生巧）；"Pride goes before a fall."（骄者必败）；"Seeing is believing."（眼见为实）；"Silence is golden."（沉默是金）。

商务英语教学的一些理论学习虽然较为简单，但是要真正地学好并且熟练地掌握商务英语技巧，在商务谈判和商务事宜等方面灵活地运用却并不容易。商务英语教学方面的研究目前已经相当具体，理论与实践的教学也都初具规模，但在教学中还是必须要求学生在大量的语料积累的基础上不断地进行深入训练，才能更好地将理论知识和实践学习有机地结合起来，从而确保商务英语专业为我国输出大量的高精尖人才，同时在培养实践中不断改革与进步，使得商务英语朝着更大、更好的方向发展。

第五章　商务英语的创新教学模式

第一节　SIOP 模式及其对我国外语教学的启示

一、SIOP 模式产生的背景

20 世纪末以来，大量移民涌入美国，在美国的很多学校，母语非英语的学生越来越多，而这些学生的学业成绩往往比不过本地学生。造成这一现象的原因是多数学校在教学上没有满足学生的多样化需求。

虽然美国在 2002 年颁布了《不让一个孩子掉队》法案，要求核心学科教师具有很高的素质，但并不要求学科教师把英语作为第二语言，因此教学方法和教师的教学理念都无法适应时代的变化。庇护式教学观察模式（SIOP 模式）就是在这一背景下脱颖而出的，之后在美国逐步推广和完善。

（一）SIOP 模式的形成过程

SIOP 模式的形成过程包括以下三个阶段：

第一个阶段始于 20 世纪 90 年代初，该阶段的目标是在"保护式教学"的基础上开发出一套"观察规则"，以明确教师是否在教学中运用了为学生提供"保护"的技巧。该"观察规则"是通过实验、教师反馈、课堂观察，并结合文献研究等开发出来的。

第二阶段从 1996 年开始，该阶段的目标是开发明确的 SIOP 模式，这种教学模式可以提高教师的教学水平。大量的实验研究证明，这种方法在提高学生的语言技能方面具有一定的效果。

第三阶段为 1999 年至 2002 年，该阶段的目标是验证这种教育模式的有效性和可操作性。在这一阶段，教师和研究团队认为 SIOP 模式不仅是一套课堂观察规则，还是一套备课和授课的体系。研究者还研究了其他的教学方法，将知识教学与学生主动观察相结合，并对整个过程进行评价。

（二）SIOP 模式启用的范围

SIOP 模式可以用在英语为母语和非母语的学生组成的混合班级里。教师可以是第二语言的教师，也可是接受过 SIOP 模式培训的学科教师，如数学、科学、英语和社会科学等学科的教师。

二、SIOP 模式的理论基础

SIOP 模式的设计目的在于将语言发展与课程内容教学相结合，为教师提供一个设计和实施教学的范式。目前，SIOP 模式已经广泛应用于美国境内双语、第二语言为英语以及双向浸入式的课堂中。

SIOP 模式的主要理论基础是维果茨基的社会文化理论，该理论强调文化在"如何学"和"学什么"两个方面所起的重要作用。第一，社会文化理论学者认为，人们对于新概念、语言和技巧的学习是建立在自己的语言背景和文化理解基础上的。第二，新知识的理解与掌握、新技能的形成是通过和别人的交流和互动而实现的。对话是学习的主要工具，如果合理地加以运用，则有助于学生达成新的理解。上述两种理论都把重点放在学科内容和学科语言上，重视运用语言学习策略，并强调亲身体验活动。

此外，该模式还吸收了情感需求、文化背景、学习风格和多元智能领域的研究成果。

三、SIOP 模式的具体内容

SIOP 模式主要包括教学准备、教学实施、复习和结论评价三个阶段。在这三个阶段中又包括教学准备、构建背景、可理解性输入、学习策略、交互、实践与运用、授课、复习与评价八个方面和相关细则。

在教学准备阶段，要选择合适的辅助性材料，根据学生英语水平调整教学内容，明确教学目标。

构建背景主要是指要对学生的知识背景和学习经历进行调研，要让学生根据已有知识学习新知识。

可理解性输入是指使用适合学生语言层次的教学语言，让学生明白学习目标、学习任务是什么。

学习策略指要采用多种方法进行教学，比如现场答辩或小组讨论，给学生提供使用学习策略的机会。

交互就是课堂互动。在课堂互动中，为学生提供讨论的机会，这样的机会能促使学生之间进行语言交流，教师应留出足够的时间让学生发表意见，提高他们的语言交流能力和解决问题的能力。

实践与应用主要是让学生将学习的知识应用到实际工作中去。多采用模拟真实场景的形式，让学生置身其中，用他们所学到的知识去解决问题。

授课主要是教师进行授课，学生参与课堂学科活动及完成语言目标。

复习与评价主要是让学生对所学的知识进行复习，对他们所学的最终结果进行评价，以评价结果来判断他们掌握知识的程度。

四、SIOP 模式对我国外语教学的启示

SIOP 模式是用英语作为教学语言对英语非母语学习者进行学科教学的一种教学模式。SIOP 模式和我国外语教学之间有很多共性，其对我国的外语教学具有重要的启示意义。

（一）我国的外语教学应该以理论为指导、以学生为主体、以实践为导向

SIOP 模式得以成功的主要原因是其以科学的理论为指导。该模式主要是对学习者的学习背景进行调研，在教学过程中重视教师与学生、学生与学生之间的互动关系。SIOP 模式起源于美国，并且经过了长期的科学实验，它是在优秀的教师和研究人员共同收集、分析大量数据，并在理论指导和实践的基础上形成的一种教学策略，其可行性比较高，可操作性、针对性比较强。SIOP 模式的形成过程对我国外语课堂教学的理论与实践研究具有重要的借鉴意义。

SIOP 模式在形成、推广和研究过程中，一直以课堂教学为聚焦点，围绕课堂教学而展开。基于 SIOP 模式的启示，我国的外语教学应当形成科学的、符合国情的课堂教学模式。如果不对外语教学进行研究，或者不改变传统的教学模式，外语教学的教学效果难以得到提升。

SIOP 模式主张教学过程中要以学生为主体。教师在教学过程中，要对学生的学习背景进行调研和了解，以学生原有的知识基础为前提进行教学内容的改编。同时重视通过各种手段进行教学，重视学生能够在充分的时间里对所学的知识进行理解和应用，主张通过各种各样的方法给学生提供交流的机会。SIOP 模式的成功经验表明，我国的外语教学必须改变传统的教学模式，要运用现代科技，采取多种方法，以学生为中心，让学生参与进来，提高其自主学习能力，使其能够独立解决问题。

（二）外语教学应兼顾内容目标和语言目标

教学目标是学科教学的出发点和归宿，是选择教学内容、实施教学过程和进行教学评估的前提和依托。如果教学目标不明确，就会导致教学过程盲目、混乱，达不到理想的教学效果。

长期以来，对外语教学的目标一直有以下几种看法：有人认为，外语教学的目标就是让学生掌握一种语言，能运用这种语言进行沟通；有人认为，外语教学的主要目标是习得外语，培养学生的外语能力，即外语教学的目标应兼顾母语和外语能力的培养。在 SIOP 模式中，外语教学的目标应兼顾内容目标和语言目标，而且教师

在每次授课时应当以书面和口头两种形式向学生明示具体的内容目标和语言目标。教师在课堂教学的整个过程中应专注于这两大目标，并通过采用有效的教学策略来确保目标的实现。

根据二语习得理论，二语和外语的习得只能建立在可理解性语言输入的基础上，这客观上要求外语教师应确保学科教学内容被学生所理解，只有这样，学生才可能习得目标语。因此，我国的外语教学应当兼顾语言目标和内容目标，脱离内容目标而片面强调语言目标，不仅会牺牲学科内容的学习，而且语言目标也难以达到。就目前我国外语教学来说，目标语的习得建立在可理解的学科内容输入的基础上，这是习得语言的必要前提和保证。

（三）我国外语教学需要有一种很高信度和效度的评价工具

SIOP 模式既是一种有效的教学模式，又是一种有效的、可行的课堂教学评价工具。该评价工具是在理论的指导下和长期的教学实践与研究中提炼出来的，因而具有很高的信度和效度。该评价工具强调了关键词和关键概念的学习，强调了问题或任务的设计，还强调了学生听、说、读、写四种语言技能的培养。该评价工具另一个突出的特点是具有多种功能，可以作为教师的备课核对表和自我评价工具，也可以作为教师或教学管理人员的课堂观察工具，还可以作为实习教师的指导观察工具。该评价工具的运用可以帮助教师更科学、更有效地进行课堂教学，更好地反思自己的教学，因而有助于教师的专业发展。

从总体上看，我国目前缺乏来自理论研究和实证实验的、具有广泛影响和体现外语课堂教学特征的评价工具。现有的外语教学评价工具缺乏语言教学理论的指导，没有充分体现出与实现语言教学目标相关的特征，也未能充分体现出学科教学的特征。现有评价工具的侧重点是对教学结果的评价，而未能像 SIOP 模式那样对课堂教学整个过程给予充分的关注。此外，评价细则并不细致，过于笼统宽泛，缺乏针对性和可操作性。事实上，外语教学评价工具应当像 SIOP 模式那样侧重形成性评价与诊断性评价，应注重教的行为与学的行为的统一、教学过程与教学效果的统一、内容目标和语言目标的统一。

当前，我国外语教学的快速发展客观上迫切需要开发聚焦课堂教学的、具有很高信度和效度的课堂教学评价工具，从而使外语教师在备课、授课、观课、评课及课后反思等方面具有可靠的依据，消除外语教师课堂教学凭经验或感觉的弊端，进而提高外语课堂教学的规范性和有效性。科学的评价工具有利于促进外语教学质量的全面提升。

SIOP 模式对我国外语教学目标的制订、外语教学的实践、外语教师教学能力的培养和外语课堂教学评价工具的研制都具有重大的借鉴意义，对推动我国外语教学的进一步发展具有重要意义。

第二节　SIOP 模式在高校商务英语教学中的应用

商务英语作为 ESP 中的一个分支，其用语的严谨性和标准性给非英语母语学生带来了较大的挑战。只有对商务英语教学方式进行有针对性的调整，才能适应英语熟练程度不够高的中国学生的需求。调整后的商务英语教学方法宜着重于在教学内容中融入对专业性语言的传授，从而达到提升学生语言熟练度的目的，将 SIOP 模式应用于中国高校的商务英语教学中，可以探索出一套全新的商务英语教学模式。

一、SIOP 模式应用于商务英语教学的理论基础

（一）社会文化理论

以俄罗斯心理学家维果茨基为代表的社会文化理论为商务英语教学提供了有力的理论支持。

社会文化理论认为人们学习新概念、新语言和新技能的基础是外语语言学背景知识和对文化的理解。因此，在严谨的课程教学中应培养学生的高阶思维，提高学生解决问题的能力，注重个体发展，并提供直接的、显性的教学技巧支持。

社会文化理论还认为对新知的理解来自与他人的互动。

（二）情感过滤假说

美国语言教育家克拉申提出的第二语言习得理论中的情感过滤假说也为商务英语教学提供了有力的理论支持。

情感过渡假说认为学生的情感因素/变量会影响第二语言习得过程；如果学生的学习动机强烈，有自信心或焦虑感较少，就容易得到更多的语言输入，学习效果会更好，反之则会影响习得的效果。

情感过滤假说还认为学生的学习效果会受到其情感过滤器的影响，因为实现语言得需要向人脑输入"开放"，使之顺利达到人脑习得语言的部位——"语言习得机制"。当人们处于放松、自信的积极精神状态时，就可使用理解性输入，以便顺利到达"语言习得机制"，从而习得新语言。

二、SIOP 模式在商务英语教学及评价中的应用

如何更有效地传递商务英语中的学科内容与语言内容，这一问题逐渐受到了人们的关注。实践发现，SIOP 模式的组成部分及其要素特征适用于我国高校商务英语课堂，并能满足学习者获得商务英语语言及学科知识两方面的需求。下面将从教学设

计、词汇学习、课堂互动及复习评价四方面介绍 SIOP 模式在商务英语教学中的应用。

（一）教学设计阶段

教师应帮助学生将已有的知识与新知识相关联，提供练习机会以锻炼学生对新知识的应用能力，测试学生对知识的掌握情况，进而确定下一步的教学内容。在围绕学科知识进行教学设计时，教师要选取与学生学习过程相当并能激发学生学习兴趣、与实际应用相关联的教学内容和活动。

考虑到高校学生的英语语言水平较高，但商务知识和经验不足，不同专业对商务知识及技能的要求不同等因素，教师可将商务话题进行纵向（根据用语的难易及严谨程度划分）与横向（根据不同的商务领域划分）的模块化设置。教师可以在教学活动开始阶段对学生进行需求调查，了解学生的语言水平及所需商务知识，并结合模块化商务话题进行教学。有效的教学需要有众多补充性材料，这些材料可作为学习核心课程及核心教学内容的支撑。补充性材料可以多样化，如会计报表、数据及图表、企业宣传或新闻媒体视频、教师示范材料、报纸杂志相关报道等；也可根据学生的需求，对补充性素材进行定制，综合使用教材素材、学生提供素材和其他真实素材。将课堂上学到的知识与现实生活中的问题关联起来，并应用这些知识解决问题，这会给学习者带来极大的成就感。以案例分析为例，可以以原版音视频作为案例导入，使用阅读材料对细节进行补充，要求学生根据听力及阅读中所获取的信息讨论问题、提出解决方案，并进行课堂陈述、提交书面案例报告等。此外，也可以采用产品发布会、慈善义卖、企业经理人采访、财富论坛等形式进行综合技能训练。

（二）注重学习关键词汇

学术界在对英语阅读进行研究后发现，学生的词汇知识与其阅读理解能力呈正相关关系。有研究表明，学生只有在认识一篇文章中 90% 及以上的词汇时才能独立理解该文章。因此，教师应在教学中设置大量活动机会以帮助学生拓展商务学科英语词汇量。商务英语教学中词汇量的拓展与学生的学科知识紧密关联，教师应精心选择包含关键性词汇的材料并使用多种方式帮助学生拓展其核心词汇量。教师可在每堂课设置并列出 10 ~ 15 个关键词汇，然后围绕这些词汇开展多样化词汇学习活动。以营销主题为例，将学生分成若干小组，每个小组合作阅读一篇包含销售技巧关键词汇的短文，每句话中使用两个以上的关键词汇。具体来说，可按以下三种形式开展活动：第一，将每个词汇分成前后两部分，学生分两队各持一半寻找另一半；第二，将关键词汇替换为近义词，学生找到被替换的词汇；第三，将关键词汇融入问答题中，进行口语训练。

（三）进行高频率课堂互动

SIOP 模式强调让学生积极参与围绕学科内容的课堂互动活动，提倡教师合理搭建教学框架以鼓励学生参与讨论，并尽力保证师生交流中双方对话次数的平衡；鼓励学生对课文中的概念进行拓展性反思；使用支架式语言技巧引导学生做出更精确的回答；等等。

教师应创设条件让学生多运用关键词汇与同伴交流，将教师讲授与学生小组讨论活动相结合，根据教学要求灵活控制各小组人数，鼓励学生对学习材料进行批判性讨论，并控制小组活动时间以提高学习效率。商务英语课堂因其较强的理论联系实际的特性，很适合与同伴进行交流互动。仍以营销为例展示互动的方式：选择一个营销话题，并将与话题关联的四个论点分别写在不同的纸上，然后将其张贴在教室的四个角落；将学生分为四组，让每个小组去对应的角落讨论本论点的论据；小组成员在内部进行讨论，将主要论据写在张贴在四个角落的分别写有四个论点的纸上，尽可能多使用关键词汇；各小组代表发言向全班解释本组论据，并进行自由辩论；学生就讨论过程撰写一篇报告以加深对营销概念及词汇的理解。

（四）课后复习及评价

形成性评价能让教师随时了解学生的学习状态，从而协助教师对其教学方式做出相应调整。在 SIOP 模式中，教师会根据课程进度加入复习及评估环节，以了解学生对课文中语言、内容及概念的掌握程度。教师可以在课程开始前进行学习需求调查和非正式的词汇和阅读测试，了解学生的商务知识及语言词汇基础。

在教学中，教师应强调并让学生复习核心信息及词汇，明示学习要点以帮助学生了解课程重点，还可采用多种方式帮助学生复习学科核心词汇，如类比法、一词多义、同义词、反义词、语境法、重复法等，也可采用口语问答、阅读填空、小作文、小组竞赛等多样化的复习方式。在课程结束阶段，教师可再次使用非正式的小测试，从而了解学生的学习效果。

通过关联学生学习背景及经验、使用补充性材料、强调关键词汇、创设生生互动机会、采用形成性评价，SIOP 模式可以帮助高校商务英语专业学生提升其学科英语熟练程度，并在一定程度上实现自主学习。

第三节　语言经济学视角下商务英语的 SIOP 模式思考

近年来，我国对外开放程度不断扩大，国际商务活动日益增多，对外语人才的需求呈现多元化趋势，传统的单一型外语专业人才已经不能适应社会经济发展的需要。当今社会对既具有扎实商务英语语言技能，又掌握商务专业知识的复合型、应用型商务英语人才的需求日益增大。

语言学家和经济学家就语言与经济活动的联系开展了很多研究。索绪尔指出，语言是一个纯粹的价值系统，揭示了语言与经济学的联系。亚当·斯密在《国富论》中就研究过语言对经济活动的影响。语言经济学是一个跨语言学、经济学、教育学等学科的新兴交叉学科。美国经济学家马尔沙克最先提出了语言经济学的概念，认为语言具有价值、费用、效用和收益四个基本经济属性。

近年来，我国学者也逐渐开始重视语言经济学视角下商务英语教育的研究，主要进行的是宏观层面的研究，而微观层面的商务英语教学改革研究并不多见。作为商务英语学科的理论基础之一，语言经济学的主要理论观点包括：第一，语言是一种人力资本；第二，语言是一种公共产品；第三，语言是一种制度。

一、语言经济学视角下商务英语的特点

语言学习被看作一种人力资本的投资，语言的使用也体现了其本质的经济价值，其效用的发挥取决于多种因素。为了获得语言使用能力，就需要进行教育投资，如购买书籍、教学课程等。语言能力形成后又会给学习者带来回报，如满足个人兴趣、带来额外的收入和就业机会等。

此外，当高校学生选择获得一种语言能力的时候，也就意味着暂时放弃了选择学习另一种语言的可能性，这也是机会成本。商务英语作为一种通用语言，语言学习者要权衡获得这种语言能力的成本和收益。在语言学习直接投入和机会成本相似的前提下，学习者要追求商务英语语言使用能力能够获得的直接和间接利益。然而，商务英语课程设置中与商务英语专业相关的课程并不是很多，也缺乏一些必要的商务实践课程、实训设备和基地等。因为商务英语的教学不是一般的英语教学，它需要帮助学习者从事商务活动，追求语言交际效用的最大化，因此实训实践环节显得尤为重要。

随着社会信息化的快速发展，人们对商务信息的整体认知度提高了很多，原本属于专业术语的一些商务英语词汇正在转化为公共产品。例如，商务英语词汇大量出现在新闻报道、影视作品当中，"首次公开募集股票""外商直接投资"等专业词汇逐渐为人所知。商务英语的流行度越高，其公共产品的效应就越强，从而降低了社会的交流成本。通过语言加深了理解，达成了共识，促进了经济发展和贸易往来。但是，这也给商务英语学习带来了更多的挑战，随着大众对专业词汇的了解和运用，商务英语的学习必须在广度和深度上有所突破，以提高自身的含金量。此外，世界经济贸易发展变化非常快，新词或者新概念层出不穷，因此高等院校的教材也要进行及时的更新。

索绪尔认为，语言不仅是一种制度，还是一种社会制度，人们的思维和表达方式都受到这种制度的影响。商务英语作为一种制度，要体现权力和利益的再分配关

系，要尽量提高使用效率。例如，在国际商务活动中使用英语信函进行交流，为了使商务英语的使用效率提高，要以较低的语言成本来传达较大的信息量。商务英语之所以可以作为一种新兴事物出现，其在国际商务活动中效率的优先性肯定是突出的。然而，这种效率优先性隐含在商务英语的各种表现形式之中，需要商务英语学习者在实际案例中去体会和认识什么是有效率的语言制度安排。

二、语言经济学视角下商务英语教学面临的挑战

为了持续吸引更多的人学习商务英语，商务英语教学面临着新的要求和挑战。首先，商务英语的人力资本属性揭示了商务英语热的深层次原因和语言学习者追求收益最大化和成本最小化的出发点。为了保持商务英语的持续热度和帮助商务英语学习者在学习过程中获取最大的收益，教师需要不断地提高教学水平和丰富教学模式，引导学习者充分发挥主观能动性。同时，商务英语的人力资本属性决定了高校对既具有扎实英语语言技能，又具有丰富商务知识和实践经验的"双师型"教师人才的迫切需求。

另外，商务英语作为公共产品的效应不断增强，在一定程度上给商务英语教学在广度和深度上带来了更多的挑战。随着经济活动越来越多地渗透到人们的日常生活中，大众对商务英语专业词汇的了解和运用不断增多，再加上越来越多的新词语和新概念被创造，这就要求教师在教学实践中应就某一个知识点深入讲解，同时不断地补充最新的教学资料来满足学生的商务英语学习需求。

最后，商务英语的制度属性揭示了商务英语要追求使用效率的最大化。因此，在商务英语教学实践中，教师要运用丰富多彩的商务实例，让学生认识到如何在商务英语信函、商务英语谈判中使用最低的语言成本进行最有效的交际和沟通。

三、SIOP 模式对商务英语教学的意义

为了应对语言经济学视角下商务英语教学面临的挑战，将 SIOP 模式引入商务英语教学具有以下意义：第一，商务英语专业课教师可以有效地利用 SIOP 模式来帮助学生提高学术英语能力和商务知识认知能力；第二，SIOP 模式有利于帮助学生把母语中已经获得的学术认知能力（如已掌握的商务专业基础知识和技能）转移到新课程的学习中去；第三，SIOP 模式能帮助教师在课堂上提供尽可能多的可理解性语言输入，从而促进学生学习语言；第四，SIOP 模式有利于帮助教师实现真正以学生为中心的课堂教学，从而使学生从被动学习转变为主动学习；第五，SIOP 模式是为教师提高教学水平提供依据而研发的模式。

以下分别阐述 SIOP 模式的八个部分对商务英语教学的指导意义。

第一，在"课程准备"阶段，教师应向学生明确学科目标和语言目标。首先，学

科目标要简洁明了，以要点式呈现。其次，语言目标要包括核心词汇、语法和句型、语言学习策略等。最后，教师还需要考虑教学材料是否符合学生的语言水平、文化程度及年龄层次。同时，教师要准备大量的教学辅助补充材料，如实物教具、动手操作工具、图片、多媒体等。为了弥补商务英语专业教材的滞后性，教师可以通过教学辅助补充材料来提升教学内容的广度和深度。

教师可以在备课阶段通过电子邮件或网上学习平台把学科目标和语言目标的内容发送给学生，使他们在正式上课之前就明确该堂课的学习目标，这有利于学生进行课前准备，也可以激发他们的学习兴趣。

第二，在"建立背景知识"阶段，教师应有效地指导学生把过去已经获得的知识转移到新课程的学习中去，使学生的语言技能和学科知识的学习更有效率。教师可以通过让学生观看一个与所学内容相关的小视频，让学生联想学过的知识或者让学生通过分组阅读讨论的方式来回顾已学知识。然后，教师可以通过语言引导或者思维导图等方式来引导学生将已学知识与即将学习的新知识联系起来。商务英语学习者大多数具有基本的经济常识和一定的专业基础知识，通过有效知识的转移，不仅能提高学习效率，而且可以加深对已学知识的理解和记忆。

第三，在"提供可理解性语言输入"阶段，教师在课堂上应提供尽可能多的可理解性语言。由于学生的英语水平有限，教师要使用符合他们现阶段语言水平的语言进行授课，并且通过调整语速、词汇和句法让他们获得更多的可理解性语言输入。此外，还可以通过肢体语言、实物教具和多媒体等帮助他们增加可理解性语言输入。学生不会因为语言水平的限制而影响学科知识的获得，反而可以通过不断增加的可理解性语言输入来提高语言技能水平。

第四，在"指导学习策略"阶段，教师应提供给学生相应的学习策略，帮助其理解所学内容。其中有两种有效的支架手段，一种是口头支架，运用提问、描述等方法来促进学生语言水平的提高，提升其理解能力及思维能力；另一种是程序支架，采用示范、小组实践的方式帮助语言水平较低的学生。

第五，在"互动"阶段，通过分组讨论的方式让每一位学生充分参与进来。例如，在商务谈判的教学中，教师可以通过结对阅读、案例讨论、角色扮演等方式让学生有效地参与到课堂互动中，打造真正以学生为中心的课堂。学生可以在"互动"阶段提升语言实际运用能力并巩固学科知识。

第六，在"应用与实践"阶段，让学生运用新学的语言知识进行实践训练。例如，指导学生通过讨论出具口头或书面报告的形式来进行语言知识的运用练习，也包括运用新获得的学科知识进行实践训练，如国际贸易单证实操。

第七，在"授课"阶段要求使用明确的目标语言，清晰并有条理地阐述学科目标和语言目标，如采用板书、幻灯片等方式。SIOP 模式提供的授课指导提纲可以有效地协助教师开展授课活动，提高授课效率。

第八，在"复习与评价"阶段，教师应观察学生的课堂参与情况、回答问题情况，了解学生对课堂内容的掌握情况，并且及时把相关的信息反馈给学生。具体方法包括：充分复习关键的学科概念，同时针对学生的输出提供反馈信息，如重述或概述学生的回答；学生可以通过教师反馈及时纠正错误和弥补不足，从而强化学习效果。

语言和经济活动的密切联系引起了学术界的不断关注。商务英语教学在深度和广度上的突破是时代发展的需求。在商务英语教学中引入 SIOP 模式，从微观层面可以协助教师指导学生提高英语技能和商务专业知识的认知能力，也能帮助教师反思教学，进而提高教学水平。

第六章　商务英语的教学评价体系

第一节　教学评价体系概述

一、评价体系与教学的关系

在教学活动过程中，教师和学生所担任的角色不同，职责不同。一方面，教师具有专门的科学文化知识和教育技能技巧，是教学过程的组织者和领导者，具有能动性和自主性；以教育对象学生为客体，教师不但要认识了解学生，而且要促使其转变，促成其全面发展；教师既是主体又是客体，教师必须时常认识自己、提高自己，教学相长，以更好地完成育人工作。另一方面，在学习过程中，学生是学习活动的主体，教师被学生作为认识和学习的对象；学生也要不断地认识自己，不断地发展和完善自己。为了帮助教师和学生认识自己的教学或者学习状况，需要合理使用恰当的评价体系。教学评价是教学的一个重要环节，具有导向、刺激等功能。全面科学公正的教学评价体系对于实现课程目标意义重大。

英语教育的核心目的是培养学生在工作情景和生活情景中熟练地使用英语进行交流，例如用口语进行对话，用书面语写邮件等应用文，并熟悉自己所在行业的英语专业词汇，能够阅读和搜集相关资料。明确的教学目标决定了教师在教学的过程中必须建立一个合理的教学机制。商务英语教育侧重培养应用型人才，强调学生的综合能力，所学知识"实用为主，够用为度"的原则。所以，教师在教授商务英语时不仅要提高学生的语言基础知识，还要注重培养学生的语言应用能力；学生在学习时，应理解商务英语作为一种工具在将来工作中的重要性。

二、传统的英语学习评价体系

单项的以纸笔考试或标准化考试成绩为本的终结性评估模式，是传统教育评价体系的主体。这一评估模式的弊端是：评估过程和教学过程相脱离，考查学生知晓什么，而不是学生能做什么。为了追求考试成绩，很多教师在课堂上重视讲解题目，忽略了培养学生的创造力和自主学习能力。这种以一次考试来决定学生能力优劣的评估模式也给学生的学习带来许多紧张和焦虑的情绪，学生的学习更加被动，导致学习效率下降，事倍功半。对于学生来说，如果无法使用所学的知识，考试分数再高也没有实际意义。

为了避免这种教育结果，教师应在平时上课时记录学生的课堂表现以及平时作业的成绩，作为平时成绩的参考，再综合最后的期末考试成绩，得出一个比较客观的对学生学习情况的整体评价。在这一过程中，评价仍然是以教师的主观判断为主，教师可以掌握学生的学习进展情况；但作为学生来说，对自己的语言掌握和应用能力的了解以及学生之间通过相互沟通和交流所掌握的信息比教师更为丰富。所以，应该将教师评价和学生评价有机结合。

三、商务英语教学效果评价

高等学校商务英语的教学评估手段采取形成性评价与终结性评价相结合的方法。在形成性评价中，采用多种评估手段和形式，包括学生自评、学生互评、教师评学、学生评教、教务部门对学生的评价等。在终结性评价中，主要包括期末课程考试、水平考试和毕业论文（设计）等形式。

与其他专业相比，商务英语教学效果评估体系具有特殊性，为了体现与普通英语专业的差异性，适应商务英语水平评估的实际需要，完善相关评估体系，我国国际贸易学会组织了全国商务英语专业四、八级考试，并且在 2008 年就对商务英语本科学生进行了试考；国际上有英国剑桥商务英语证书（BEC）的初、中、高级别的水平考试。总体来讲，本科以上商务英语的专业评估机制正在不断完善。

第二节 教学模式评价体系

一、形成性评价

（一）形成性评价的背景及含义

形成性评价是教师在教学过程中，对学生学习过程的及时反馈。学生在学习英语的过程中，表现出各自的兴趣、态度、参与度以及语言发展状况，教师对这些表现进行记录并给出判断和评价。这种反馈可以帮助学生及时纠正错误并能指导教师根据教学活动的有效性对教学进行修正。评价的目的是使教师和学生更好地认识自身，从而进行改进，发展得更完善。

形成性评价的优势在于可以使教师更好地了解学生的学习情况，对症下药，促进其学习进步。从学生的角度来讲，学生在教学活动中既锻炼了自己的能力，又通过教师的反馈了解了自己的长处和不足，从而变被动接受信息为主动参与，可以增强学习的积极性。形成性评价教学，改变了以教师为单一主体的情况，学生也成为教学过程的主体，教与学的过程得到了互相促进的统一。

1967年美国的斯克里芬在《评价方法论》中首次提出了形成性评价的概念，它是通过评价教学计划中存在的问题并反馈给教学人员，由其根据反馈数据修改其教学方法，从而获得较高质量的教学。20世纪70年代布卢姆在《教育评价方法指南》中提出了教育评价的三种分类，即目前教育者熟知的诊断性评价、形成性评价、终结性评价。其中，形成性评价被首次应用于教学实践中，并与教学指导相结合，通过评价反馈，教学者有目的地改善工作，提高教学质量，促进学生更好地学习。形成性评价关注的不仅是学生的学习过程，更重要的是对于学生反馈信息的处理。

20世纪90年代以后，国内外许多学者开始关注形成性评价在教学中的应用。维特探讨了形成性评价在调整学生学习与教学环节中的作用；詹姆斯认为形成性评价在指导学生达成学习目标的过程中能够起到关键作用；张丽丽等探讨了职业教育英语教学中应用形成性评价的方法；杨欣瑶尝试了将形成性评价应用于大学英语教学并总结了其中关键技术。

（二）形成性评价存在的问题

在我国，应用形成性评价较为成功的是中小学教学平台，其原因一方面是学校规模较小，易于管理，另一方面则是学生与教师联系更为紧密，各种教学反馈信息易于获取，从而使得教师能够做到有针对性的调整教学过程。由于大学教师除了教学任务之外，还要应对学校各方面的管理措施，进行科研活动等，很难投入全部的精力去完成教学，加之传统的考试教育影响，在大学应用形成性评价的情况并不理想，常常止步于对试卷的分析，而较少对学生平时的学习情况进行追踪与调查。另外，国内高校的教务管理更注重对教师的评价，如课堂教学评价，甚至还有学生对教师的教学评价等。学生作为教育的主体，其日常的学习过程一直得不到重视，常常只能依靠自身的自觉学习，因此在大学教育中应用形成性评价仍然需要更多的关注和研究。

作为一门新兴的应用型学科，当前的大学英语评价体系没有针对商务英语特点的评价形式，导致教学过程中一直沿用普通英语的评价体系，没有体现出商务英语的特点和实践应用性。如果教师在教学过程中能够将形成性评价有针对性地应用到商务英语教学评价过程中，那么会对商务英语的教学质量产生积极作用。

（三）形成性评价的实施过程

商务英语的学习，从内容上来说，不但要求学生具备英语的基本能力，还要求其具备商业贸易等方面的专业知识；从学生能力的培养上来说，不但要具备较好的书面表达能力，更要具备流畅的口语表达能力，也即学生要具有更强的实践能力。根据这些规律，我们运用形成性评价的相关理论，在教学中进行形成性评价的实验，以促进学生自主学习，提高教学质量，并为商务英语的教学探索一些具有借鉴意义的新思路。

1. 多元评价方法的综合运用

目前普遍采用的期末考核方式对学生学习的促进效果一般，期末考核只重结果不看过程的特点反而使得相当一部分学生不重视日常的课堂学习，旷课现象时常出现，而到了考试阶段则"各显手段"。也有教师采用课堂点名或者课堂提问等形成性评价方式，但这些方式一方面随机性较大，另一方面也缺乏连续性，所以对教学效果起不到明显的作用。因此，在期末测试成绩基础上积极采用多元评价的方式，把课堂出勤及课堂表现等情况结合进来，可以有效促进学生的学习自主性。

实验挑选了吉林市某大学商务英语专业三年级某班的 50 名学生作为实验班进行形成性评价教学。为了尽量减少学生主观因素对实验的干扰，采用对一个班分两阶段进行测试的方法，第一阶段（开学初至期中）采用常规教学，第二阶段（期中至期末）进行形成性评价教学，最后截取期中考试平均成绩与期末考试平均成绩进行对比，并对学生进行问卷调查以确定形成性评价教学的实验结果。

实验发现，在第二阶段综合运用多元评价方法进行形成性评价的教学效果，除了在最终成绩上高于第一阶段外，学生的学习态度也从"要我学"向"我要学"转变，平时的学习主动性也有了很大的提升。这说明多元评价方法对商务英语教学的有效性。

2. 非测试性评价手段的运用

倡导采用非测试性评价手段，如课堂提问、学习讨论、读书笔记、商务案例模拟等。课堂提问是富有经验的教师较为常用的基本技能，可以有效调动学生课堂注意力。学习讨论也是一种内容活泼的评价手段，将学生分成若干小组，教师提出问题，小组分别讨论，每个学生使用英语表述观点，然后集中观点，教师给出每组的最终评价。读书笔记则要求学生自己寻找商务案例阅读，并用英语写下阅读重点及读后感。商务案例模拟由教师设计场景，组织学生分饰角色，进行虚拟商务交流，这种教学形式对学生具有重要的实践意义，事实也证明学生对这种活泼生动的教学形式非常感兴趣，参与很积极。对于案例模拟成绩的评定，采用自我评估、同学互评、教师总评三者综合的方式更为有效，同时可以进一步提高学生的积极性。

3. 自我评价和问卷调查方法的应用

为了适应社会对个人终身学习和可持续发展的不断要求，大学生需要不断提高自主学习能力，形成性评价中的学生自评部分便是学生提高自主学习能力的极佳方法。很多学校建设有网络教学平台，可以为商务英语专业学生提供便利的学习机会，每个学生都可以通过学校的英语学习网络平台，下载与商务英语教材配套的学习资料。在每次学习结束之后，网络教学平台会保留学生的学习痕迹，每个学期末，教师和学生都可按照网络教学平台确立的评价标准，给出相应的教师评分和学生自评成绩。

在实际评价过程中学者们普遍认识到，商务英语课程具有难以量化和定性的特性，教师可以通过问卷调查、访谈等真实活动来评价学生英语学习的综合能力，以弥补上述不足。通过开展问卷调查和访谈，教师可以了解学生们学习中真实存在的问题和学生对课程的建议及想法，从而根据具体情况调整教学方案，促进教学的良性开展。

在具体的教学评价过程中，我们要遵循的原则是充分尊重学生的个体差异，促进学生的健康发展。无论是学校还是教师都要把评价对象作为一个平等的对象来看待，在商务英语的具体教学和评价过程中给予学生以宽松愉悦的学习和评价氛围，让学生在了解自身的同时，明确各项评价指标，从而在商务英语的学习过程中对自我的学习做出客观公正的自我评价，及时发现自身存在的问题和不足，明确自己今后的学习方法和方向，从而实现课程评价体系的真正目的和意义。

同时，教师应该根据学生在商务英语课程教学实践中不同时期出现的学习状况和反馈的信息（学生自评和网络平台），及时变更教学方法，从而调动学生的学习自主性和主观能动性，发挥课程评价的激励、诊断和发展作用，提高英语课程评价的功能性和实效性，使商务英语的教学开展能够更具备针对性和实用性，从而真正提高学生的综合素质和能力。

二、终结性评价

终结性评价是指用来概括一个人成绩的评价，通常在学期末或课程结束时进行。终结性评价的目标以结果为导向，以数字形式对学生进行评价和比较。终结性评价能够有效地检测学生知识的累积，但是无法反映学生的学习能力和潜力。终结性评价的作用主要是在课程结束时检查学生的学习水平，像高考或是大学里的期末测试，它是建立在学习经验积累上的评价手段。考试本质上只能表明学生在考试时所掌握的知识，但不能反映学生的整体学习能力，也不能预测学生未来的潜力，只能作为学习过程中的一个片段的反映。对于学生来说，终结性评价就是以分数来反映自己的学习情况，但这一反映并不全面，因为分数不能完全反映学生的学习能力和发展潜力。

第三节　课程评价体系

目前国内商务英语的课程设置几乎都是围绕英语和商务两大模块进行双语或全

英文教学，对于各门课程建构的必要性和可行性缺乏系统的理论支持和设置原则。随着商务英语的发展，越来越多的人开始关注和提倡商务英语的课程改革，但许多人忽略了课程评价理论的应用。

斯塔弗尔比姆的 CIPP 评价模式是近年来公认的、优秀的一般评价模式，一些学者也把 CIPP 评价模式运用到高校课程评价中，形成 CIPP 课程评价体系。随着 2007 年商务英语专业的获批，其课程体系建构的研究也受到更多的关注。CIPP 模式作为公认的、实用性强的评价模式，强调教育评价的改进作用，因此特别适用于商务英语课程体系的改进。我们从 CIPP 评价模式出发，分析商务英语课程体系的现状，发现其中存在的问题并给出建议，以推进和完善商务英语课程体系建设。

一、CIPP 评价模式简介

课程评价是课程开发的基本问题和核心环节，我国的课程评价工作多数是以拉尔夫·泰勒的目标导向评价模式为中心的，该模式把教学目标、教学过程与教学评价作为一个循环圈，预先设定的教学目标是评价的唯一标准，评价的对象是教学目标中规定或涉及的对象。很显然这种模式将预先选择的教学目标提升到过程之上而且外在于过程本身，然后再根据教学目标选择经验并加以组织，最后通过评价确定教学目标的达成度。但随着教育理念的发展，这种目标导向评价难以评价教育活动中的非预期效果，例如教师和学生的即兴发挥，以人为本的教育理念不能得到真正体现。在目标模式基础上发展起来的过程导向模式更能满足教育的实际需求。

CIPP 评价模式于 20 世纪 60 年代末 70 年代初提出。在很长的时间内，CIPP 模式主要包括了四种评价：背景评价（context evaluation），输入评价（input evaluation），过程评价（process evaluation），成果评价（product evaluation），取这四种评价的英文首字母，即形成所谓的"CIPP 评价模式"。

二、阶段划分

从 21 世纪初开始，斯塔弗尔比姆重新反思自己的评价实践，感到四个步骤的 CIPP 评价模式还不足以描述和评价长期的、真正成功的改革方案。为此，他对其做出了补充和完善，把成果评价分解为影响（impact）、成效（effectiveness）、可持续性（sustainability）和可推广性（transportability）四个阶段。

结合前期 CIPP 评价模式所包含的内容，下面是构成该评价模式的具体内容：

第一，背景评价（context evaluation）是对所在环境的需求、资源、问题和机会的评价。"需求"主要包括那些为实现目的所必需的、有用的事物；"资源"是指在本地可以得到的专家和提供的服务；"问题"是指在满足需要时必须克服的障碍；"机会"主要指满足需要和解决相关问题的时机。

背景评价的主要目的在于：①描述所需服务的背景情况；②界定预期的受益人并评定其需要；③弄清满足需要所存在的问题和障碍；④界定本地资源和资助时机；⑤评定方案、教学和其他服务目标的清晰度和适切性。背景评价的基本取向在于确认方案目标与方案的实际影响之间的差距，本质上属于诊断性评价。

第二，输入评价（input evaluation）是在背景评价的基础上，对达到目标所需的条件、资源以及各备选方案的相对优点所做的评价，其实质是对方案的可行性和效用性进行判断，对方案的设计和工作计划、财政预算等进行评价。评价者的任务包括：鉴别和调查已有的方案，以便作为新方案的对照；评价方案建议的策略。

第三，过程评价（process evaluation）是对方案实施过程中作连续不断地监督、检查和反馈，其目的一是为方案制定者、管理人员、执行人员提供反馈信息，以便了解方案实施的进度以及是否有效地利用可用的资源；二是用于发现方案实施过程中的潜在问题，为修正方案提供指导；三是为定期评估方案的参与人员提供有效信息。总之，过程评价在于调整和改进实施过程，本质上属于形成性评价。

第四，影响评价（impact evaluation）是对方案达到影响目标受众的程度做出评价，评价结果所要回答的问题是：①观察到了何种影响（肯定的和否定的、预期的和非预期的）；②各类资助人怎样看待这些影响的价值和优点；③获得满足方案预期对象需要的程度如何。

第五，成效评价（effectiveness evaluation）是对结果的品质和重要性进行评价。评价者的主要任务包括：访问主要的利益相关者；选择合适的受益人，进行深度的个案研究；汇总和评价方案对于社区的成效；撰写评价报告；把成效评价报告整合到不断更新的方案档案库中，以及整合到最终的评价总报告中。

第六，可持续性评价（sustainability evaluation）是在某种程度上方案成功地制度化了，将长久地得以实施下去。评价者访问方案领导和职员、方案的受益人，确定是否有可持续的可能性和必要性，并通过讨论和反馈确定可持续性的程度。

第七，可推广性评价（transportability evaluation）即在某种程度上，方案已经和将会成功地被调适和应用于别处，评价者需要分析方案是否能够成功地被适用和应用于别处，汇总和报告可推广性评价的发现；在反馈讨论会上，讨论可推广性评价的发现；撰写可推广性评价定稿，提出具体的改善措施，并提供给委托人和公认的利益相关者。

CIPP 评价模式是一种以过程为导向的决策模式，其主旨是目标的合理性和可行性，评价并不是为了证明，而是为了改进；评价不应单纯地以教学目标为中心，应以以决策为代表的社会为中心。评价应为决策服务，为决策收集、组织和报告信息，它是为决策提供有用信息的过程。CIPP 评价模式的介绍与分析对丰富现行的商务英语课程体系建构有着指导和实践意义。

参考文献

[1] 鲍文. 商务英语教育论[M]. 上海：上海交通大学出版社，2017.

[2] 曾琦，李月，张春莉. "生本教育"的理念解析与实施建议[J]. 中国教师，2021（12）：11-14.

[3] 曾葳. 商务英语教学与模式创新研究[M]. 西安：西北工业大学出版社，2021.

[4] 陈河. 基于互联网模式的商务英语多元化教学评价体系[J]. 商情，2017（45）：225，223.

[5] 陈玲，赵静，唐彬. 商务英语[M]. 北京：北京工业大学出版社，2018.

[6] 陈志旗. 高职商务英语多元教学评价体系构建研究[J]. 兰州教育学院学报，2017，33（11）：143-145.

[7] 邓静子，朱文忠. 商务英语课程体系研究[M]. 上海：上海交通大学出版社，2016.

[8] 段思雨，赵小莹. 多种评价方式在商务英语课程教学中的应用[J]. 现代商贸工业，2021，42（29）：148-149.

[9] 冯琳. 大数据背景下的商务英语教学模式评价研究[J]. 微型电脑应用，2021，37（9）：162-165.

[10] 甘姝姝，段玲琍. 商务英语口语[M]. 北京：对外经济贸易大学出版社，2018.

[11] 高丹. 商务英语写作教学探析[J]. 魅力中国，2019（29）：145-146.

[12] 何英. 研究性教学思想与大学英语教学改革研究[J]. 沈阳农业大学学报（社会科学版），2013，15（5）：614-617.

[13] 侯佳，朱豫，罗焕. 商务英语[M]. 成都：电子科技大学出版社，2020.

[14] 孔宪遂. 商务英语阅读[M]. 北京：对外经济贸易大学出版社，2018.

[15] 乐国斌. "互联网+"时代商务英语教学模式研究[M]. 长春：东北师范大学出版社，2018.

[16] 李斌. 商务英语口语实用性研究[J]. 文渊（高中版），2021（1）：189.

[17] 李洁. 商务外语教学与跨文化交际能力的培养[J]. 烟台职业学院学报，2016，22（2）：59-61.

[18] 李连增. "商务英语写作"课程教学改革探究[J]. 科教导刊，2022（30）：117-120.

[19] 梁辉. 浅谈人本主义教育思想支持下的生本教育[J]. 科学中国人，2016（1X）.

[20] 刘涵. 英语人才跨文化交际能力研究[M]. 北京：知识产权出版社，2019.

[21] 吕晓轩. 商务英语教学评价理论与实践研究[M]. 哈尔滨：黑龙江大学出版社，2016.

[22] 莫群俐. 商务英语口语课程改革与实践[M]. 北京：冶金工业出版社，2021.

[23] 阮桂君. 跨文化交际与实践[M]. 武汉：武汉大学出版社，2017.

[24] 邵秀东. 图式理论在大学商务英语阅读教学中的应用[D]. 济南：山东师范大学，2018.

[25] 唐翔，唐雪. 浅谈跨文化交际[J]. 空中美语，2021（4）：580.

[26] 王淙，张国建 . 国家语言能力视角下商务英语能力标准研究 [M]. 北京：对外经济贸易大学出版社，2020.

[27] 王晓艳，郭金英，胡茵芃 . 商务英语写作 [M]. 天津：南开大学出版社，2021.

[28] 夏璐 . 基于 SIOP 模式的商务英语课程设计实证研究 [J]. 北京第二外国语学院学报，2017，39（3）：105–116+140.

[29] 徐开洋 . 商务英语专业学生跨文化交际能力调查研究 [D]. 南昌：江西师范大学，2020.

[30] 薛霞 . 基于 SIOP 模式的大学英语阅读教学改革 [J]. 文教资料，2019（17）：210–211.

[31] 杨珊 . 商务英语教学方法初探 [J]. 戏剧之家，2020（4）：166.

[32] 杨莹 . 大学英语教学中跨文化交际能力的培养 [J]. 产业与科技论坛，2022，21（9）：136–137.

[33] 易金兰 . 论语言经济学视角下的商务英语翻译教学 [J]. 营销界，2021（21）：86–87.

[34] 原庆荣 . 语言经济学视角下体验式商务英语教学的研究 [J]. 黑龙江教育学院学报，2017，36（03）：145–147.

[35] 张于琳 . 多模态视角下的高职英语专业听力教学实证研究 [D]. 漳州：闽南师范大学，2018.

[36] 赵丹迪，孙悦 . 语言经济学视角下商务英语的 SIOP 模式思考 [J]. 海外英语（上），2016（11）：55–57.

[37] 赵薇 . 产出导向法在商务英语阅读课堂中的实践研究 [D]. 广州：广东技术师范大学，2021.

[38] 邹莉，俞洪亮 . 商务英语研究视角的多元化趋势及其影响 [J]. 中国 ESP 研究，2021（2）：24–34，113.